靖国の闇に ようこそ

靖国神社・遊就館　非公式ガイドブック

Zushi Minoru
辻子 実

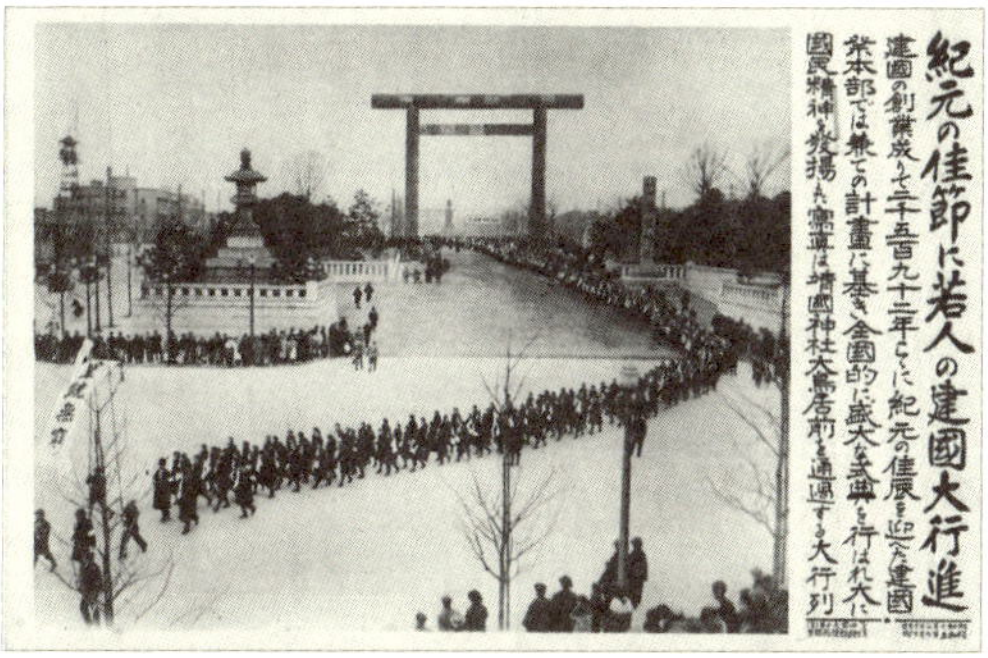

社会評論社

靖国の闇にようこそ

——靖国神社・遊就館　非公式ガイドブック

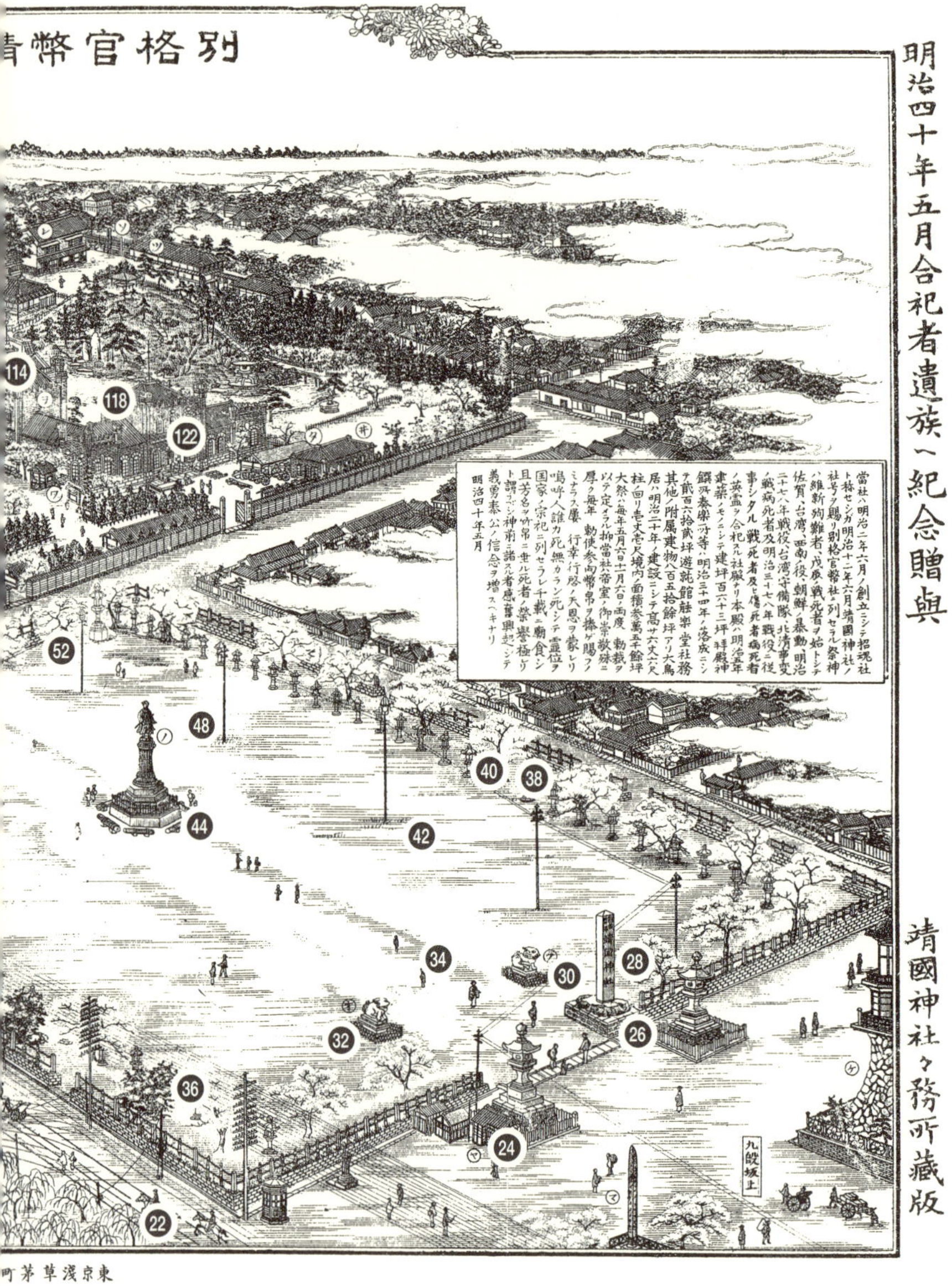
別格官幣靖
明治四十年五月合祀者遺族ヘ紀念贈與
靖國神社々務所藏版
當社ハ明治二年六月ノ創立ニシテ招魂社ト称セシガ明治十二年六月靖國神社ノ社号ヲ賜リ別格官幣社ニ列セラル祭神ハ維新殉難者、戊辰ノ戦死者ヲ始トシテ佐賀、台湾、西南ノ役、朝鮮ノ暴動、明治二十七八年戦役、台湾守備隊、北清事変ノ戦病死者及明治三十七八年戦役ニ従事シタル戦死者及ヒ傷死者病死者ノ英霊ヲ合祀スル社殿ナリ本殿ハ明治五年建築ノモノニシテ建坪百六十三坪拝殿神饌所奏楽所等ハ明治三十四年ノ落成ニシテ貳百六拾貳坪遊就館能樂堂社務其他ノ附属建物ハ百五拾餘坪アリ大鳥居ハ明治二十年ノ建設ニシテ高サ六丈六尺柱回リ壹丈壹尺境内ノ面積参萬五千餘坪大祭ハ毎年五月六日十一月六日ノ両度 勅裁ヲ以テ定メラル抑當社ハ帝室ノ御崇敬殊ニ厚ク毎年 勅使参向幣帛ヲ捧ゲ賜フノミナラス屢 行幸行啓ノ天恩ヲ蒙レリ嗚呼人誰カ死無カラン死シテ靈位ヲ国家ノ宗祀ニ列セラレ千載ニ廟食シ且芳名ヲ竹帛ニ垂ル死者ノ榮誉極リト謂フベシ神前ニ詣スル者感奮興起シテ義勇奉公ノ信念ヲ増スヘキナリ
明治四十年五月
九段坂上
114
118
122
52
48
44
40
38
42
34
30
28
26
32
36
24
22
東京浅草茅町

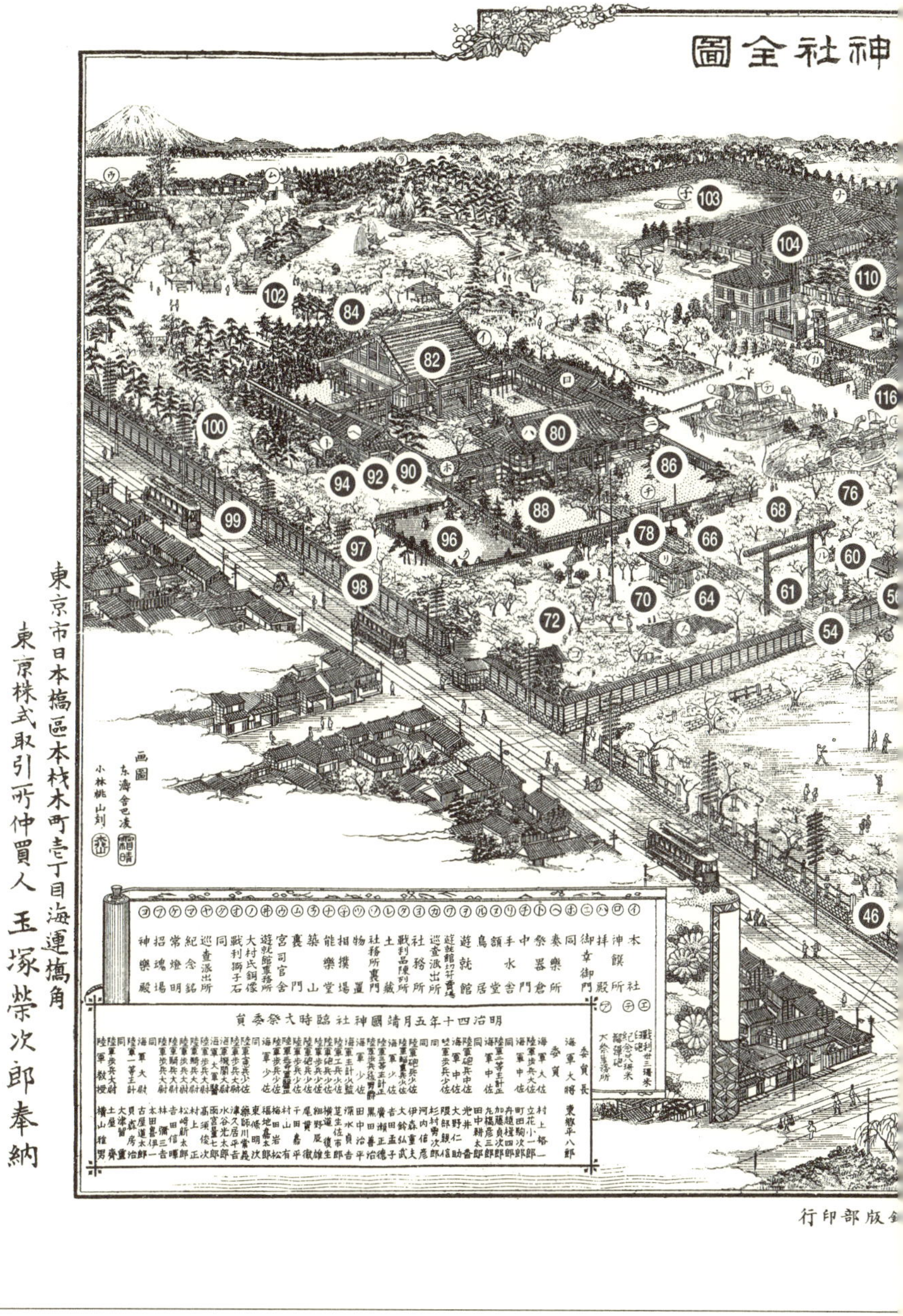
圖全社神
東京市日本橋區本材木町壹丁目海運橋角
東京株式取引所仲買人 玉塚榮次郎奉納
画圖
小林桃山刻
イ 本社
ロ 神饌所
ハ 拝殿
ニ 御幸御門
ホ 同
ヘ 奏樂所
ト 祭器倉
チ 中門
リ 手水舎
ヌ 額堂
ル 鳥居
ヲ 遊就館
ワ 遊就館切符賣場
カ 巡査派出所
ヨ 社務所
タ 戦利品陳列所
レ 土藏
ソ 社務所裏門
ツ 物置
ネ 相撲場
ナ 能樂堂
ラ 築山
ム 裏門
ウ 宮司官舎
ヰ 遊就館事務所
ノ 大村氏銅像
オ 戦利獅子石
ク 同
ヤ 巡査派出所
マ 紀念銘
ケ 常燈明
フ 招魂場
コ 神樂殿
エ 戦利卅三糎米臼砲
テ 紀念廿八糎米榴弾砲
ア 大祭事務所
明治四十年五月靖國神社臨時大祭委員
委員長 海軍大將 東郷平八郎
委員
海軍大佐 村上格一
陸軍歩兵大佐 立花小一郎
海軍中佐 町田駒次郎
同 舟越楫四郎
陸軍二等主計正 加藤貞次郎
海軍中佐 丸橋彦三郎
同 田中耕太郎
陸軍砲兵中佐 光井香
海軍中佐 大野仁助
陸軍歩兵少佐 隈部親信
同 杉村勇次郎
同 河内信彦
陸軍砲兵少佐 伊森重夫
陸軍輜重兵少佐 大鈴弘武
海軍少佐 吉田孟子
陸軍三等主計正 廣瀬正德
陸軍歩兵少佐侯爵 黒田善治
海軍少佐 田中治平
海軍主計少監 深水貞吉
陸軍工兵少佐 芝生佐市郎
陸軍砲兵少佐 横道復生
陸軍歩兵少佐 細野辰雄
陸軍砲兵少佐 尾貫辰徹
陸軍歩兵少佐 千田嘉平
陸軍三等軍醫正 村山有
陸軍歩兵少佐 梅田岩松
海軍少佐 福地嘉太郎
同 東條明次
陸軍憲兵少佐 藥師川常義
陸軍歩兵大尉 津久居平吉
海軍機關大尉 水谷光太郎
海軍大軍醫 雨宮量七郎
陸軍歩兵大尉 高須俊次
陸軍騎兵大尉 村上正
陸軍歩兵大尉 松崎新太郎
陸軍騎兵大尉 吉田信曄
陸軍歩兵大尉 林彌三吉
同 本田邑伊一
海軍大尉 古屋道太郎
陸軍一等主計 貝森房治
同 大津留重
陸軍歩兵大尉 土屋齊
陸軍教授 横山雅男
版部印行

別格官幣靖国神社全図

❖別格官幣靖国神社全図❖

イ　本社
ロ　神饌所
ハ　拝殿
ニ　御幸御門
ホ　同
ヘ　奏楽所
ト　祭器倉
チ　中門
リ　手水舎
ヌ　額堂
ル　鳥居
ヲ　遊就館
ワ　遊就館切符売場
カ　巡査派出所
ヨ　社務所
タ　戦利品陳列所
レ　土蔵
ソ　社務所裏門
ツ　物置
子　相撲場
ナ　能楽堂
ラ　築山
ム　裏門
ウ　宮司官舎
井　遊就館事務所
ノ　大村氏銅像
オ　戦利獅子石
ク　同
ヤ　巡査派出所
マ　紀念銘
ケ　常燈明
フ　招魂場
コ　神楽殿
エ　戦利三十三糎米臼砲
テ　紀年二十八糎米榴弾砲
ア　大祭事務所

＊1907（明治40）年当時の靖国神社です。現況とは異なっているものもありますが、【白抜き数字】で現況の、本書該当箇所のページ数を示してあります。

❖はじめに❖

　靖国神社に行ったことのある人も、これから行こうとしている人にも、行く気のない人も「靖国神社」って何かをより理解していただくための「靖国神社を歩く」ガイド本。これが本書の目的です。

　靖国神社と聞いたとき、皆さんは、何を連想するでしょうか。軍服マニアや街宣右翼の聖地というイメージでしょうか。

　確かに、敗戦記念日の八月一五日や、開戦記念日の一二月八日に靖国神社に行けば、駐車場には右翼の街宣車が列をなし、ナンバープレートに一や九が並ぶ、金メッキ輝く８９３筋の黒塗り高級乗用車を見ることが出来るかもしれません。

　日曜日や祝日に行けば、骨董市や英霊にこたえる会の署名活動を見ることが出来るかもしれません。

　しかし、平日の午前中に見学してみると、静かなたたずまいの中に神社があるだけです。

　靖国神社境内には、数多くの記念碑があります。神社付属「遊就館」の展示・解説をていねいに見て回ったら、優に半日はかかると思います。

　ところが明治維新から一九四五年敗戦に至る近現代史を学校の授業で学ぶ機会がほとんどありませんので、記念碑や遊就館を見ていても、なぜアジア諸国から批判が起きるのか、理解できないことがあります。

　碑文や遊就館解説を読んでも、靖国神社の考えに沿った主張のみが説明されていますし、問題となるようなことは書かれていません。

　本書では、靖国神社及び関係者の発言などを紹介しながら、できるだけビジュアルに「ヤスクニの闇」をガイドしていきたいと思います。

　ようこそ！　非公式靖国神社に。

【凡例】

＊漢文などの引用文に関しましては、本書の性格から適宜読み下し文としています。

＊引用文には、元号のみが記載されている場合も便宜上西暦を付すと共に、一部省略している場合もありますので、引用される場合は、原文に当たってください。

＊引用文中にある「支那」「満州」など歴史的に適切ではない表現については、原文通りに引用しています。

＊遊び心であえて「靖國神社」「靖国神社」を併用しています。同様に「灯籠」を「燈籠」とするなど旧字表記しているものがあります。

靖国の闇にようこそ❖目次

▲…2006年8月11日～15日にわたって取り組まれた「平和の灯をヤスクニの闇へ」キャンドル行動での人文字（8月14日、東京・明治公園）。

❖壱❖　靖國神社外苑篇

❖弐❖　靖國神社内苑篇

❖参❖ 遊就館篇

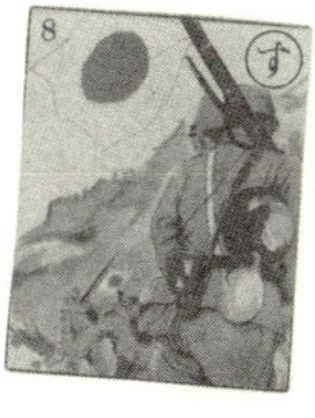

12
た

12
た

5
え

8
る

10
い

5
ら

7
な

10
い

【コラム】

▼…戦前の「愛国カルタ」より。

壱

靖國神社外苑篇

◀…靖国神社外苑が競馬場であることが描かれた初期の掛け軸。

❖靖国神社への行きかた❖

上野の駅から九段まで、かってしらないじれったさ、杖をたよりに一日がかり、せがれきたぞや会いにきた

（「九段の母」一番の歌詞）

JRを使うなら、中央線飯田橋駅か市ヶ谷駅が最寄り駅になります。

飯田橋駅の御茶ノ水寄りの改札口を出て、九段下に向かうのが良いでしょう。

地下鉄を利用するなら、九段下駅。一番出口を出たら、靖国神社の大鳥居【☞34ページ】が見えます。

レトロな感じで、靖国神社に行きたいという人は、一九三九（昭和一四）年に二葉百合子が歌って大ヒットした軍国歌謡「九段の母」にちなんで、上野駅から九段まで、秋葉原・神保町を通って約一時間歩くことも、もちろんできます。

「月例デモ」という名称で、毎月一回（原則第三日曜日の午後）上野駅から九段まで、ヤスクニ問題を訴えて三〇年以上デモをしているグループもあります。

お薦めコースとしては、少し健脚向きですが、一九一四（大正三）年、辰野金吾の設計で建てられた、赤レンガと白御影石が織りなす縞模様の美しい東京駅から歩いて、靖国神社に向かう方法があります。

スタート地点は、天皇が使う時には、日の丸が正面バルコニーに掲げられるという丸の内中央口にある皇室専用出入り口。ここを背にして御幸通りを抜け、日比谷通りを渡って大手門をくぐると、そこは「東御苑」。

受付で白いチップを渡されるはずですが、これは入退苑者のチェックのためで、出口で返します。三の丸尚蔵館や、お土産屋で「大嘗宮」の模型を見たり、天守台に登ったりしながら、北の丸公園に向かいます。

横断歩道を渡って、国の重要文化財である東京国立近代美術館工芸館・旧近衛師団司令部庁舎【☞186ページ】に向かいます。途中に、北白川能久の騎馬銅像【☞187ページ】があります。

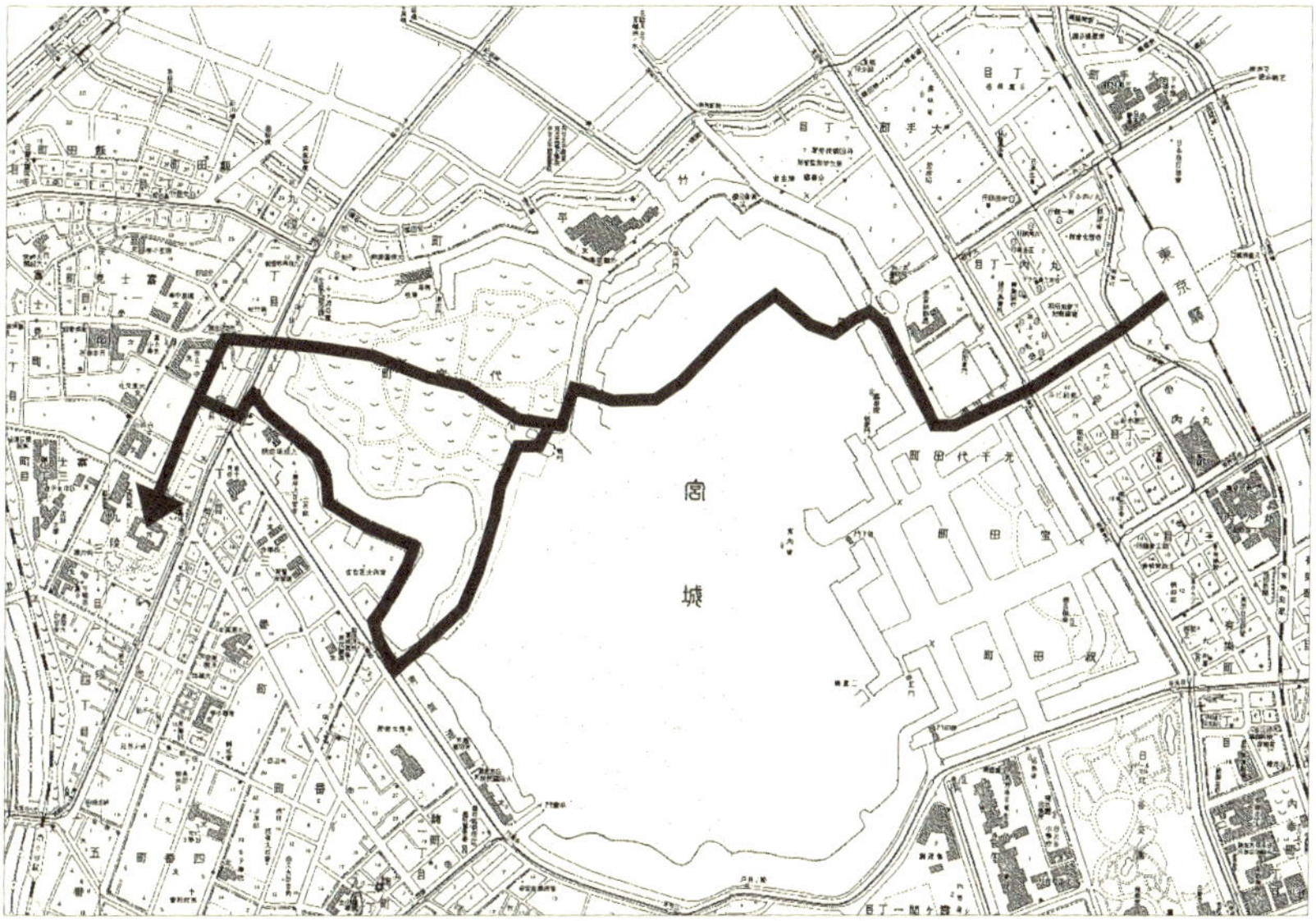

▲…東京駅からのコース（地図は戦前の「麹町区詳細図」より）。

ここからは、二つのルートがあります。

北の丸公園を抜けながら。近衛歩兵第一・第二連隊跡記念碑【☞191ページ】を見、日本武道館前を通って弥生慰霊堂【☞192ページ】を見学した後、田安門を抜けて靖国神社に至るコースです。

もう一つのルートは、東京国立近代美術館工芸館から、左に回り内堀の土手に上がります。

コンクリートの円形のテーブルのようなものが点在しています。これは、高射機関砲の台座跡です【☞190ページ】。

お堀を回り込むように歩いて、夜桜がきれいな千鳥ヶ淵緑道に入ります。

千鳥ヶ淵戦没者墓苑【☞188ページ】を通り、靖国神社に向かうと入り口にポリスボックスまである超豪邸【☞189ページ】があります。「三番町住宅」という公務員宿舎で、宮内庁長官公邸です。指をくわえて靖国神社に向かいましょう。

❖九段下❖

「九段の母」に倣って、九段下から靖国神社に向かいましょう。

九段の交差点で、靖国神社に向かって立つと、左手に揉めに揉めて設計変更された、地下鉄の排気塔みたいななんとも異様な「昭和館」が見られます。

その隣の建物が、日本遺族会が依託され運営している旧軍人会館の九段会館【☞195ページ】です。

この建物は帝冠建築様式と呼ばれる、一九三〇年代に流行した屋根は和風、軀体は洋風という、和洋折衷建築様式の代表的建物でもあります。夏は、ビアホールになる屋上には「護国神社」と呼ばれる小さな祠が建っていますが、この神祠こそ以前は、靖国神社本殿に何かあった時に「御霊代」を遷すための特別社殿の役割を担っていたのですが、今は、霊璽簿奉安殿がその役割を担うようになっているみたいです。

無賃乗車証に関する注意「此の乗車証を御使用の場合は靖国神社遺族章を佩用し遺族証明書を御携帯下さい」。
（戦前遺族に支給された無賃乗車証より）

交差点を神保町側にちょっと戻って、路地を入った所に、戦傷病者の労苦を証言や写真、文献で後世に伝える国立施設「しょうけい館」（戦傷病者史料館）が二〇〇六年にオープンしました【☞196ページ】。昭和館を見る時間があったら、コチラこそお薦めです。

九段下交差点近くにある高層ビルの「北の丸スクウェア」の場所には、以前、日本債券信用銀行本店が建っていました。日本債券信用銀行は、一九五七（昭和三二）年、旧朝鮮銀行の残余財産を基に設立された銀行です。朝鮮銀行は、一九〇九（明治四二）年、韓国銀行として設立され、翌年の韓国併合で朝鮮銀行と改称されました。朝鮮銀行は、敗戦により閉鎖されるまでの三六年間、中国などで通貨制度が混乱した場合、日本に波及しないようにという、緩衝地帯として通貨の発行を行っていました。

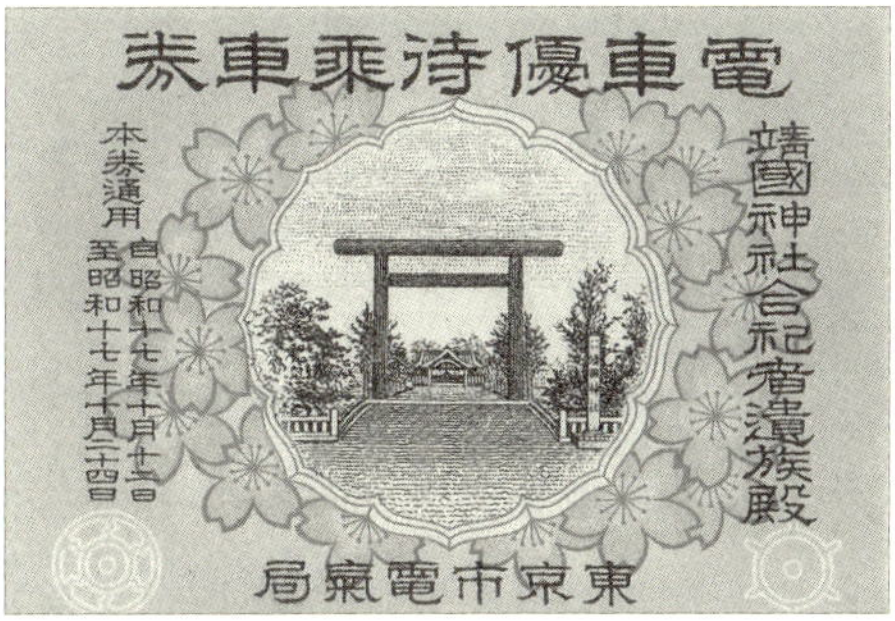

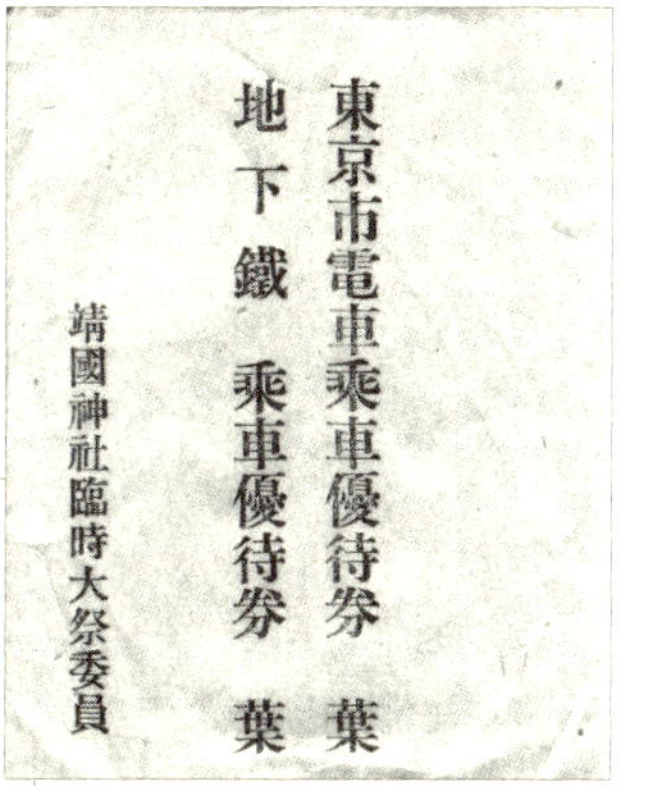

▲…戦前、遺族には靖国神社臨時大祭に参列するための、電車の優待券が支給されました。

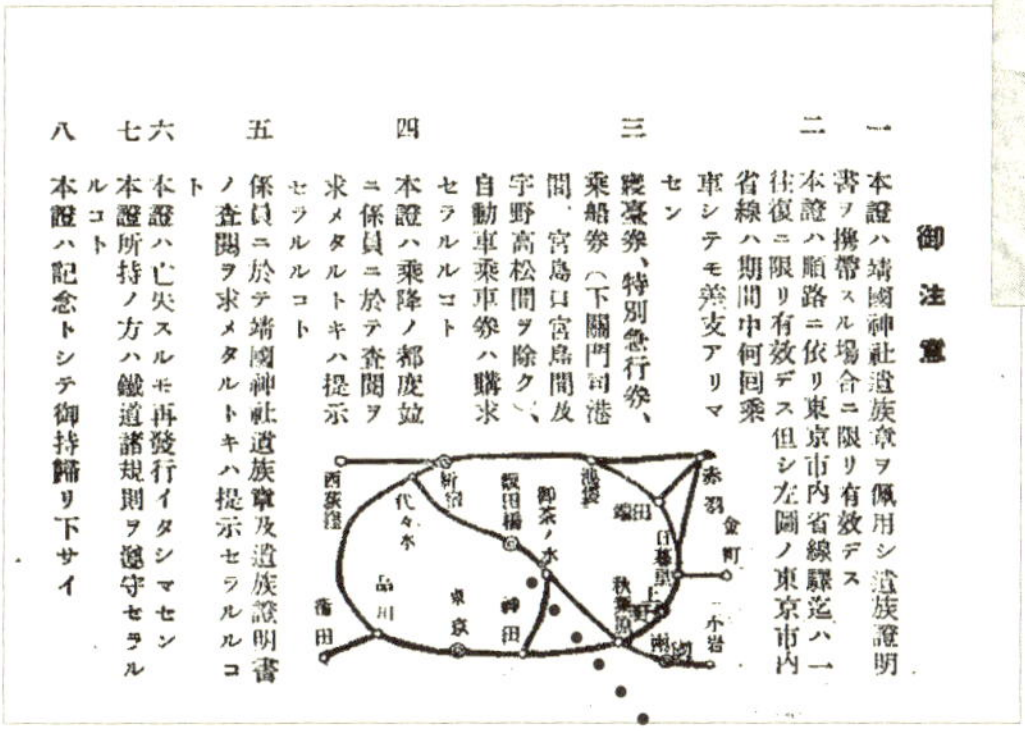

御注意

一 本證ハ靖國神社遺族章ヲ佩用シ遺族證明書ヲ携帯スル場合ニ限リ有效デス
二 本證ハ順路ニ依リ東京市内省線驛迄ハ一往復ニ限リ有效デス但シ左圖ノ東京市内省線ハ期間中何回乗車シテモ差支アリマセン
三 寢臺券、特別急行券、乗船券（下關門司港間、宮島口宮島間及宇野高松間ヲ除ク）、自動車乗車券ハ購求セラルルコト
四 本證ハ乗降ノ都度並ニ係員ニ於テ査閲ヲ求メタルトキハ提示セラルルコト
五 係員ニ於テ靖國神社遺族章及遺族證明書ノ査閲ヲ求メタルトキハ提示セラルルコト
六 本證ハ亡失スルモ再發行イタシマセン
七 本證所持ノ方ハ鐵道諸規則ヲ遵守セラルルコト
八 本證ハ記念トシテ御持歸リ下サイ

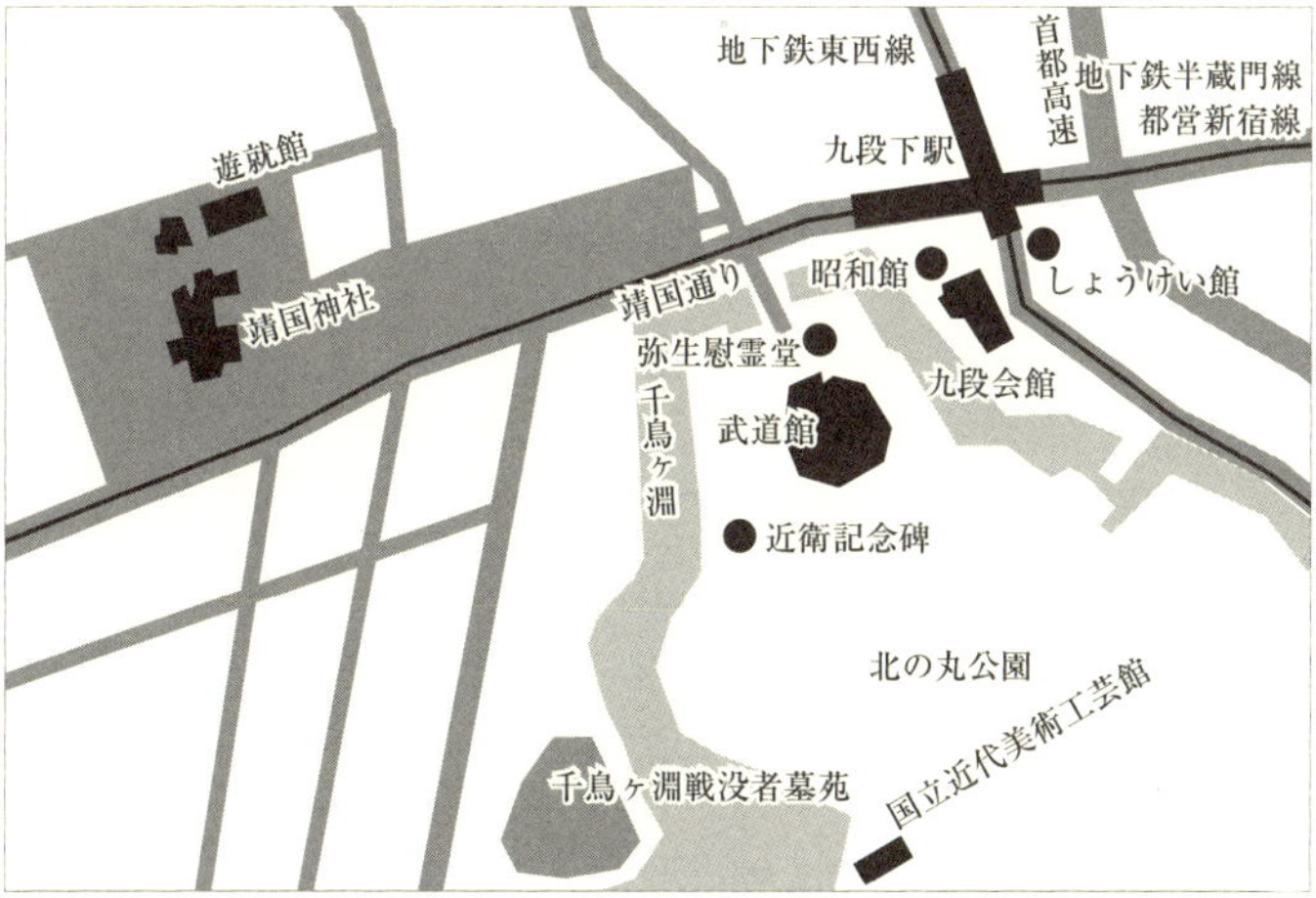

新しい時代づくりの明治維新に亡くなった人々のことを、いつの世までも伝えるために明治天皇は社をお建てになりました。
（靖国神社ホームページより）

❖靖国神社になるまで❖

靖国神社には最初の元をなす神社として、靖国神社に寄付された「元宮」【☞90ページ】と呼ばれる小祠がありますが、「元宮」は、神社の祭神と縁故の深い神を祀った摂社でもなく、単に寄付された記念物です。

「元宮」は戦前、寄付された物ですが、当時、神社を管理していた陸・海軍の許可を得ていませんし、単なる私祭招魂社の一つです。

靖国神社の始まりは、奇兵隊の調練場跡に高杉晋作の発議によって奇兵隊士の霊を弔うために、一八六五（慶応元）年には招魂社が造営され、その後、改称された下関の桜山神社、あるいは、一八六八（明治元）年、「明治維新に係る死没者を京都・東山に招魂社を創建せよ」との明治天皇の命令で造られ、当初は、霊山官祭招魂社と呼ばれたように、国費で維持されたため、『官祭社』と称された京都霊山護国神社などの祭神を、中央集権的に集めて造られたのが靖国神社と言えます。

靖国神社の祭神は、はじめは戊辰戦争での「官軍」の戦死者だけでしたが、その後、長州藩が朝敵・賊軍として京都御所を武力攻撃した「禁門の変」での長州藩死没者を合祀するなど、当時の陸軍を掌握していた長州閥の影響を反映した合祀が行われました。

ですから会津藩家老を先祖にもつ、右翼の大物田中清玄は、「長州藩の守り神にすぎないもの」と切り捨てています。

その後も、日清戦争で戦病死する人が続出したことから、天皇のありがたさを宣伝するため、特別に戦病死者も合祀する基準が出来るなど、合祀基準も変遷を重ねていますが、根本は、「軍人勅諭」で言われている「よく天皇の戒めに従う」軍による軍人のための神社です。

年表●靖国神社になるまで

一八五三（嘉永六）靖国神社祭神合祀開始年。

一八五八（安政五）安政の大獄（～五九）。日米修好通商条約締結。

一八五九（安政六）橋本左内ら、安政の大獄で斬首の刑。

一八六〇（万延元）桜田門外の変。

一八六二（文久二）津和野藩士福羽美静ら、京都霊山霊名舎において、「殉難志士」の霊を祀る。生麦事件。

一八六三（文久三）福羽美静ら、安政の大獄・桜田門外の変関係者四六名の霊を祀り、後、霊璽を福羽邸に移す。

一八六四（元治元）長州藩、殉難者・戦没者を祀る招魂場を建設。

一九六五（慶応元）長州藩は高杉晋作の発議により、奇兵隊殉難者の弔祭を行うとともに、桜山招魂社建設。

一八六七（慶応三）坂本龍馬・中岡慎太郎、京都において幕府見回組により殺される。薩長二藩に討幕の密勅、会津・桑名藩追討の命令出る。

一八六八（明治元）六月、江戸城において官軍戦没者のための招魂祭。戊辰の役。天皇、錦の御旗を与える。九月、天皇上京。

一八六九（明治二）大村益次郎、招魂社の位置を選定。東京招魂社鎮座。六月、第一回合祀祭。（靖国神社創立）

尚武須護陸

尚武須護陸

中将
㊀予備となりて貴族院議員となる　㊂歴戦の功を以て大将となる

大将
（上がり）

靖国神社
（上がり）

少将
㊀中将に進む　㊁願を以て一年間各国を巡遊す　㊂予備となる

大佐
㊁戦功を以て少将に進む　㊂一年間休職　㊃名誉進級少将となる（賞品を受け退局）　㊅年齢満限後備となる（退局）

中佐
㊀㊂大佐に進む
㊁一年間病気

少佐
㊀戦時功を以て中佐に任じ一年の後大佐に特進す　㊁一年間休職　㊂中佐に進む　㊃戦死、靖国神社に祭らる

大尉
㊀少佐に進む　㊃一年間停職せらる
㊅予備となる

中尉
㊁一年後大尉に進む（一回休）　㊂㊃大尉に進む　㊅一年間休職（一回休）

少尉
㊀㊄㊅中尉に進む
㊁一年後中尉に進む（一回休）　㊂戦死、靖国神社に祭らる

見習士官
㊀貶せられて曹長となる
㊁㊂㊄少尉に任ず

士官候補生
㊀㊃見習士官となる
㊂一年後して見習士官となる（一回休）
㊅学術劣等に付き兵卒となる

兵卒
㊀㊂士官候補生となる　㊁㊄軍曹に抜擢せらる　㊃軍律に触れ銃殺（退局）㊅一年志願兵満期の後予備少尉となる（少尉となり退局）

軍曹
㊀曹長となる　㊃軍律に触れ兵卒となる　㊄曹長となる　㊅士官候補生となる

曹長
㊀抜群の戦功を以て少尉に任ず　㊂士官候補生となる　㊅戦死、靖国神社に祭らる

幼年生徒
㊀㊁㊄士官候補生となる　㊂病気一年間休学（一回休）　㊅学術劣等に付き兵卒となる

振出志（小学校）
㊀㊁㊂軍人志願
㊃㊄㊅徴兵

徴兵
㊀㊂㊄合格して兵卒となる　㊅㊃不合格振出志に還る

軍人志願
㊀㊅幼年生徒となる
㊂士官候補生となる
㊃志願ならず兵卒となる　㊅病気の為一年休学す（一回休）

早く上がりたい方は、「戦死」してひと飛びに靖国神社の闇に。

▲…「日清戦争」の前年の1893（明治26）年に出た「尚武須護陸」（双六）。尾形月耕画、東陽堂刊。原寸970ミリ×680ミリ。「上がり」は大将と靖国神社の二つあります。

❖高燈籠❖

一八七一年に和洋折衷のデザインで建設されました。靖国神社本殿が出来たのが翌年の七二年ですから、靖国神社の施設としては、もっとも早い時期に建設されたものです。
（『靖国神社百年史』靖国神社）

明治の東京タワーでした。

この高燈籠ができる以前は、神田明神にあった常夜灯がその役割を果たしていました。

神田明神は、平安時代末に活躍した武将で、関東の英雄として知られる平将門を神として、また江戸の守護神として、神田祭は、天下祭（御用祭）とも呼ばれて、江戸幕府の保護を受けていました。

ところが平将門は九三八年新皇《しんのう》と名乗り天皇の地位を脅かしたため、九四〇年、天皇は平将門の追討の命令を出し、ついには、戦死した人です。

一八八七年、明治天皇は、初めて靖国神社に行きますが、神田明神にも行きました。その時、政府から「平将門は平安時代に朝廷に敵対し、関東に独立国を建てようとした逆賊。配慮を」との意見が出て、天皇の敵であった平将門をわざわざ神から外して参拝しました。

しかし、逆賊とはいえ、平将門は東国の人気者。そこで神社ではやむをえず将門のご神体を末社に移し、代わりに茨城県大洗の磯崎神社から少彦名命《すくなひこなのみこと》の神体を移しました。この措置に、神田っ子が猛反発して祭りのボイコットまでしたという話も伝わっています。

将門が再び主祭神の座に戻ったのは、一九八一年。ＮＨＫ大河ドラマ「風と雲と虹」（一九七六年）の人気が影響したとの説もあります。

建設当時の東京の人たちにとって、靖国神社の高燈籠は、新しく出来た天皇の政府の力を見せつける、新江戸タワーだったのです。

積み上げられた石材は、各藩から運ばれたものです。それにしても、なぜこんなに古い記念物を、靖国神社社務所発行の案内パンフレットである「やすくに大百科」では解説していないのか、不思議です。

▲…現在の高燈籠（左）と、明治時代の浮世絵に描かれたもの。

【平将門】

東京都千代田区大手町一丁目一番一号。東京の怨霊ゾーンの筆頭に上げられる場所がここです。平将門の首塚です。

平将門は、崇徳上皇、菅原道真と共に、日本の三大怨霊と言われています。

言い伝えでは、首は平安京・都大路で晒されましたが、三日目に夜空に舞い上がり、故郷に向かって飛んでゆき、数ヵ所に落ちたとされています。

その一つが、この首塚です。

怨霊とは、受けた仕打ちにうらみを抱いて、たたりをする霊と言われますが、靖国神社の祭神も、怨霊だと考える神道学者もいます。

❖花崗石大燈籠❖

一八八〇（明治一三）年、西南の役に転戦せる別働第二旅団より西南の役戦没者慰霊のため花崗石大燈籠一対（掲輝・照闇）を奉納。（「靖国神社略年史」）

▲…大燈籠旧景。

奉納した旅団長は、もとをただせば賊軍でした。

大燈籠を奉納した別働第二旅団旅団長は、山田顕義陸軍少将です。

彼は、松下村塾に学び、一八六二（文久二）年には、高杉晋作、久坂玄瑞、伊藤俊輔（のちの伊藤博文）、品川弥二郎らと攘夷の血判書に名を連ね、一八六四（元治元）年には、禁門の変（蛤御門の変）【☞134ページ】に参加。四カ国連合艦隊の下関攻撃（馬関戦争）にも軍監として参加しましたが、長州藩は敗北しています。

一八六八（慶応四）年には、鳥羽・伏見の戦いに征討総督の副参謀に任命され、陸軍参謀兼海軍参謀として官軍を率い、東北諸藩との戦いや箱館戦争で勝利しました。

一八七七（明治一〇）年、西南戦争に、敵の後方を衝く遊撃隊の第二旅団長として参加。九月に西南戦争が終結後、早くも一一月には、西南戦争の戦功によって勲二等を受けています。

このような軍歴とは別に、一八八九（明治二二）年には、皇典講究所所長に就任し、日本法律学校（日本大学の前身）を創設。翌年には、國學院（現・國學院大学）を創設しています。

一八九二（明治二五）年、兵庫県にあった生野銀山を視察中、事故死しています。原因はわかりませんが、死因について、突き落とされた可能性もあるそうです。

▲…九段坂上からは品川沖が見渡せました。

この生野銀山という所は、室町時代の一五四三（天文一二）年に銀鉱脈が発見され、本格的な採掘が始まりました。

一八六八（明治元）年、新政府の直轄鉱山となり、一八九〇（明治二三）年には、三菱合資会社に払い下げられています。三菱政治錬金術でしょう。

【西南戦争と乃木】

西南戦争は、西郷隆盛を大将に一八七七（明治一〇）年、現在の熊本県・宮崎県・大分県・鹿児島県において起こった士族による内乱です。西南の役、丁丑の乱、十年戦争、私学校戦争などとも呼ばれ、日本最後の内戦でした。

この西南戦争に、後に軍神として乃木神社の祭神になった乃木希典も、熊本鎮台歩兵第十四連隊連隊長として、参戦していましたが、戦いの最中、連隊旗を西郷軍に奪われてしまいました。

❖狛犬❖

一九六六（昭和四一）年、一一月三日清瀬一郎が寄付。この狛犬は、芸術院会員後藤良が大東亜戦争中に造り始め、終戦となって中断したが、八柳恭次が完成させた。
（所功編『ようこそ靖国神社へ』靖国神社）

狛犬のそっくりさんがあります。コピー犬か？

狛犬の台座の後ろには、石工・小沢映二の名前が刻まれています。

後藤良と八柳恭次がデザイン及び監修をして、石工小沢映二が刻んで完成したものと伝えられています。が、この狛犬のそっくりさんがあるとしたら、どうなるのでしょうか。

京都府宮津市に籠神社《このじんじゃ》という、奈良時代の七一九（養老三）年に丹後一の宮に定められた神社があります。言い伝えによると、伊勢神宮はここから伊勢へ移されたので、元伊勢籠神社とも言います。

この籠神社の神殿前の狛犬は、従来、鎌倉時代のものと言われてきましたが、現在では、安土桃山時代説が有力になってきているとのことです。

それにしても、和製狛犬では最古のものと言われ、国の重要文化財になっています。

八柳恭次も、二紀会彫刻部会初代審査員などつとめた彫刻家でしたから、狛犬を制作する際に籠神社の狛犬の事は知らなかった、では済まないはずです。

コピー狛犬です。

同じように籠神社の狛犬の引き写しのものが目黒不動尊にもあります。この狛犬も、後藤良の「作品」です。

他にも籠神社型狛犬は、静岡県護国神社や、宮城県護国神社など護国神社などで散見されています。

このコピー狛犬を奉納した清瀬一郎という人は、極東国際軍事裁判では日本人弁護団副団長を務め、東条英機元首相の主任弁護人を務めました。

一九六〇（昭和三五）年には、衆議院議長にも就任しています。

▲…旧国宝、籠神社の狛犬一対。

❖靖國神社社号標❖

一八九四（明治二七）年九月に建てられた高さ一〇mを越す社号標。　（『ようこそ靖国神社へ』）

表札の一部を削りました。

吉田晩稼揮毫。本来は、「靖國神社」の文字の上に、社格を示す「別格官幣」という四文字（二行）が刻まれていました。

一九四五（昭和二〇）年一二月、連合国軍最高司令官総司令部（ＧＨＱ）の神道指令により社格制度が廃止されました。ＧＨＱの神社政策に危機感を抱いた神社によって、「今般宗教法人として発足するに当り、社格廃止に伴い、不要となりたるをもって削除せり」（『靖国神社百年史』資料編・上）として、社格部分の文字を埋めて消さねばならなくなりましたが、それでは不体裁なため、上部を切除してしまいました。

「靖国」とは、「天皇の国である日本では、事件となるような事もなく無事であるように」という意味で名付けられています。「パックス・ロマーナ＝ローマの平和」という言葉がありますが、古代ローマ帝国の武力で支配下の「平和」や「安定」を指す言葉です。

靖国神社の創建は、明治維新という内戦の終結に向かう時期であり、「天皇にとっての平和」という意味が込められています。

その後、日本がアジアを侵略するたびに、日本の軍隊の武力でアジアの人たちを従えて「いや」と言えない「平和」を、朝鮮・中国をはじめとした東南アジア、グアムやサイパンなどの南洋までの広い地域で作ろうとしましたが、アジア・太平洋戦争に敗れて、野望は消えました。

社格部分の文字を埋めたり、削除したりした神社は、靖国神社に限ったことではなく、護国神社の中には、社号自体を改称し、サンフランシスコ条約締結後、旧称に戻した例も見られます。

▲…戦前は、「靖国神社」の上に「別格官幣」と刻まれていました。

▲…戦後になって「別格官幣」の文字は塗りつぶされます。

▲…さらに上の部分が切り取られて、現在の形になりました。

【神道指令（抄）】

国家神道、神社神道に対する政府の保証、支援、保全、監督並に弘布の廃止に関する件（神道指令）

昭和二十年十二月十五日

連合国最高司令部日本国政府宛覚書

一　国家指定の宗教乃至祭式に対する信仰或は信仰告白の（直接的或は間接的）強制より日本国民を解放する為に戦争犯罪、敗北、苦悩、困窮及び現在の悲惨なる状態を招来せる「イデオロギー」に対する強制的財政援助より生ずる日本国民の経済的負担を取り除く為に神道の教理並に信仰を歪曲して日本国民を欺き侵略戦争へ誘導する為に意図された軍国主義的並に過激なる国家主義的宣伝に利用するが如きことの再び起ることを防止する為に再教育に依つて国民生活を更新し永久の平和及び民主主義の理想に基礎を置く新日本建設を実現せしむる計画に対して日本国民を援助する為に茲に左の指令を発す

（ヌ）公文書に於て「大東亜戦争」、「八紘一宇」なる用語乃至その他の日本語としてのその意味の連想が国家神道、軍国主義、過激なる国家主義と切り離し得ざるものは之を使用することを禁止する、而してかかる用語の即刻停止を命令する

❖さざれ石❖

我が君は千代に八千代にさざれ石の巌なりて苔のむすまで
（藤原石位左右衛門・古今集・巻七・賀の歌。「君が代」の原歌）

君は、コケむしていますか。

「君が代」を批判する人の中に、小さな石が巌のように大きくなるわけがないと批判する人が、たまにいますが、小さな石が巌のように大きくなる石もあるのです。

学名「石灰質角礫岩」、石灰石のさざれ石です。「さざれ石」というのは元来「細石」と書き、小さな石が炭酸カルシウムなどにより接着されて、大きな石の塊に変化したものです。

日本では滋賀、岐阜県境の伊吹山が主要産地です。

藤原石位左右衛門については、平安時代、文徳天皇（在位八五〇〜八五八年）の皇子惟喬親王から、藤原朝臣石位左右衛門が、木材調達の命令を受け、木材を探す途中、渓流に山積する「さざれ石」を見て「これは珍しい石、めでたい石である」と見たまま感じたままを詠んで奉った歌が「我が君は」の一首であると言われています。左右衛門は、この歌によって石位の位をもらったとも伝えられています。

靖国神社にある「さざれ石」は、丸い小石が集まって出来たもので、非常に珍しいさざれ石です。一般的な「さざれ石」は、先鋭な小石が集まったもので、千鳥ヶ淵戦没者墓苑に、この種のものがあります。

「君が代」の替え歌？にこのような歌詞があります。

KISS ME（私にキスして）
kiss me, girl, and your old one
a tip you need, it is years till you're near this
sound of the dead "will she know
she wants all to not really take
cold caves know moon is with whom mad and dead"

▲…さざれ石。

▲…たま石の「さざれ石」は珍しい。

【国歌斉唱義務不存在等確認請求訴訟（予防訴訟）】

二〇〇六年九月二八日

東京地裁判決【要旨】

一・入学式、卒業式等において、国旗に向かって起立し、国歌を斉唱する義務及びピアノ伴奏をする義務のないことを確認する。

一・都教委は、国旗に向かって起立しないこと、国歌を斉唱しないこと及びピアノ伴奏をしないことを理由として、いかなる処分もしてはならない。

一・原告らに対し、各3万円及び支払い済まで年5％の割合による金員を支払え。

❖獅子石❖

境内で最古の狛犬である。日清戦争の後、朝鮮（海城）の三覚寺にあったものを、山県有朋らが譲り受け、明治天皇に献上、天覧の後、靖国神社に置かれた。
（『ようこそ靖国神社へ』）

譲り受けたのか。奪い取ったのか。

『靖国神社百年史資料集』中にも、一八九五（明治二八）年、「山県有朋清国海城三覚寺より譲り受け奉納」（二八六頁）と書かれています。

狛犬、奉納の経緯について、加茂百樹靖国神社宮司は「翌一八九五（明治二八）、年、（日清）戦争が終った後、石黒軍医総監が山県公を訪れて従軍の思い出話を交した折、野戦病院にあてられた海城の三覚寺のことに及び、そこに見受けられた狛犬の古奇愛すべき旨を述べると、公大いに心を動かされ、かかるものこそ内地に輸して、久しく軍務をみそなわし給いて昼夜もなくままならぬ、陛下に見ていただき大御心の程を慰め奉りたいと発議し、直ちに取り寄せ方の手配に及んだ」と書いています。

ところが、別格官幣靖国神社全図には「戦利獅子石」と書かれています【☞3ページ地図オ・ク】。

また、『ようこそ靖国神社へ』の中で「田山花袋の父も靖国に眠る」と田山花袋の作品『東京の三十年』の文章が紹介されています。

「大村の銅像、其頃はまだあの支那から鹵獲した雌雄の獅子などはなかった。丁度招魂社の前のあの大きな鉄製の華表（鳥居）が立つ時分で、それが馬鹿げて大きく社の前に転がされてあるのを見たそしてそれが始めて立てられた時には……」。

同じく「九段の公園」では、「日清戦役に海城で鹵獲した雌雄の獅子の奉納された時も知っている」。

「譲り受け」と、「戦利」や「鹵獲（敵の軍用品・兵器などを奪い取ること）」では、意味が決定的に違います。

この狛犬は「大清光緒二年閏年五月初六日敬立」とされていますので、一八七六（明治九）年、三覚寺に奉納されたようです。

▲…この獅子にはお尻の穴があります。

【狛犬】

「獅子・狛犬」と呼ぶのが正しいとされています。

狛犬の名称は朝鮮半島の高句麗から来た高麗（こま）の犬という意味とされていますが、その起源はインドあるいは、エジプト（スフィンクス）であるなど諸説があります。伝来された原型は、獅子(ライオン)の形をしていましたが、当時の日本人はライオンを見たことがないので、犬の一種と勘違いして狛犬としたのであろうという説や、そもそもライオンではなく、想像上の神獣とも言われています。

一般的には、向かって右側は、口を開いた「阿形《あぎょう》」、左側は口を閉じた「吽形《うんぎょう》」です。阿吽《あうん》は、仏教用語で、阿は口を開いて最初に出す音、吽は口を閉じて出す最後の音であり、それぞれを宇宙の始まりと終わりを表す言葉とされています。そして、玉を押さえ込んでいるのが、雄とされています。

角のない像を「獅子」、角のある像を「狛犬」と言い、一対で「獅子狛犬」と呼ぶのが正しいとされていますが、左右共に角がないものもあり、いろいろです。

この獅子石は鹵獲されて唖然としたのでしょうか。「吽形」がなく口が開いたままです。

❖大鳥居（第一鳥居）❖

長年の間に風雨にむしばまれ、一九四三（昭和一八）年にとり去られました。現在の第一鳥居は一九七四（昭和四九）に再建されたもので高さ二五mもあります。
（パンフレット「やすくに大百科」靖国神社社務所）

▲…靖国神社の鳥居形式は「二柱角貫丸太鳥居」と言われます。

鳥居の撤去も戦力増強。日本一の座から落ちてしまいました。初代の大鳥居は一九一九（大正八）年、日本一の大鳥居として誕生、「空を突くよな大鳥居」と歌われたほどでした。

「長年の間に風雨にむしばまれ」て一九四三（昭和一八）年にとり去られたことも事実の一端ですが、大鳥居の右手にある大鳥居再建事業委員会の銘板の記載では、「戦力増強のため撤去」と書かれています。

アジア・太平洋戦争が激しくなると、兵器に使う鉄などが不足し、家にある鍋などを軍に提供せよとの「金属供出」という命令が出されました。

靖国神社の大鳥居さえ「金属供出」したという宣伝効果を考慮して撤去されました。大村益次郎の銅像周囲にあった旧式大砲の一部も、金属供出されますが、「大村益次郎像」は供出されませんでした。

▲…金属供出された大鳥居。

▲…仮設されていた木製鳥居。

【現在日本一の大鳥居】

熊野本宮大社旧社地・大斎原（おおゆのはら）（和歌山県田辺市本宮町本宮）。高さ三三・三m。横四二m。二〇〇〇（平成一二）年に設置された。

【当初の建設計画を急遽変更】

当初設計が完成した後、栃木県に日本一の大きさの鳥居が完成したため、急遽計画を変更してできたのが現在の大鳥居です。

〔小林〕戎野君は三〇mにしろと言っていましたね。

〔戎野〕いや三五mですよ。（笑）どうしても無理なら三〇mにしてくれと。そしたら、やっぱ歩兵砲は大きいことを言う。そりゃ大きい方がいいと言われましてね。

〔奥谷〕三〇mにすると、幅が広がるのではないの。バランスはどうかな。

〔小林〕あれは、細かく比率が決まっているんだ。今の鳥居の寸法は、神社にいろいろ聞いて私が計算して決めたのですよ。今考えるとぞーっとする……。

『靖国神社大鳥居再建之記録』より

❖日の丸掲揚塔❖

一九七六（昭和五一）年、台湾第四八師団復員者により奉納されたもの。高さ三〇m。最上部には社紋章が付いている。掲揚される日の丸は、縦二m、横三m。（『ようこそ靖国神社へ』）

偉勲って、慰安所を開設したことですか。

碑文には「遠く異郷の地に勇戦散華された英霊の御偉勲を讃えその威徳を顕彰するために……」と記されています。

遠く異郷の地とは、東ティモールなどです。

一九四二（昭和一七）年、ポルトガル領ティモールに侵攻、最終的には一万二千人以上の兵隊が参加したといわれています。ポルトガル領ティモールのオッスにおいて四八師団捜索第四八連隊は、慰安所を開設したことを「軍医従軍記」が伝えています。

ポルトガル領ティモールオッスで初めて慰安所を作る事が許され村長さんに命じて日本人の恋人志願を集め、これは宣撫班舛田中尉の仕事だった。これを身体検査して合格、不合格をきめる。

合格者も「スワアイテイー」だのなんだのと現地名では兵隊さんには分からん。そこで北林君の発案で魚の名前をつける事にした。「ドジョー」「フナ」「ナマズ」等々。

大体顔や身によった改名が出来上がりこれはよかった。

下手に日本名をつけると誰やらの妹の名だったり、一度に十五〜十六人の女に名前をつける事のむずかしさをしみじみ感じた。せめてセツ子位ならなんとかね。（『捜索第四十八聯隊汗と哨煙と轟音の記録』捜索第四十八聯隊戦友会・一九八二）

白地に赤く、血の色染めて、
ああ恐ろしや、日本の旗は
（替え歌・日の丸の旗）

▲…「英霊」と「日の丸」

【靖国の桜】

なんで靖国神社。

気象庁が、東京都の開花を決める標準木は靖国神社にあります。

靖国の桜は一八七〇（明治三）年に、木戸孝允が植樹したことが始まりと言われていますが、詳細は不明です。

同様に以前は、東京都の開花標準木は上野にあったのですが、なぜ気象庁が一九六六年に靖国神社に変更したのか理由は不明です。

境内の標準木に関しては、名札などが付いていません。従来は目印として幹にビニール紐が巻いてありましたが、近年は、桜の季節には能楽堂横の標準木の周囲を柵で囲んでいます。この処置は、標準木が格好の写真撮影スポットになっていて、桜の根が踏み固められるのを防ぐためと言うことです。

能楽堂横の標準木は、能楽堂に向かって右側の枝に添え木をしてある桜です。

❖常陸丸殉難記念碑❖

一九〇四（明治三七）年六月一五日、「常陸丸」は、日露戦争の際、満州に兵を輸送するため濃霧の玄界灘を航海中、突如現れたロシア艦隊に集中砲火を浴びせられ、乗員、千二百余名のうち九割が死亡した。（碑文）

靖国神社は、外国人を祭神にしません。

「常陸丸」乗組員には、三人のイギリス人船長（ジョン・キャンベル）、一等航海士（サミュエル・ジョゼ・ビショップ）、機関長（ジェームズ・ヒュー・グラス）が乗船していました。

しかし、同じ船で同じように死んだ日本人は、靖国神社に神として祀られていますが、外国人であるという理由でイギリス人三人は、祭神にされていません。

そのためか、「常陸丸殉難記念碑」の前で毎年六月一五日に慰霊祭が行われています。隣の「田中支隊忠魂碑」では、慰霊祭は行われていません。

実は、常陸丸は、軍艦ではありません。日本郵船が、欧州航路用に造船した貨客船常陸丸です。

日本から朝鮮へそして満州の戦場へと陸軍部隊を輸送するために、商船が徴発されました。

これらの船がロシア艦隊に遭遇した場合、有効な反撃手段もないまま一方的に敗北するのは明らかでした。そうして沈んだ船の中で最大の被害を出したのがこの常陸丸です。

この巨大な石碑は、一九三四（昭和九）年、現在の九段会館敷地内に建立されました。

一九四七（昭和二二）年八月、神道指令の影響で、折られたうえで、敷地内に埋設されていましたが、一九六五年（昭和四〇）年、日露戦争六〇周年を期に、「復興期成会」が作られ、四段に折られていた元の石碑銘を取って加工するなどして、再建されたものです。

裏面の殉難記は、旧碑文が採用できなかったので、新たに、旧碑文に基づいて新刻されています。

▲…殉難を伝える当時の絵はがき（上）と常陸丸。

【濃霧、逆さに読めば無能】

日露開戦直後、第二艦隊司令長官上村彦之丞中将に、ロシア・ウラジオストックを母港とするウラジオ艦隊撃破の命令が出された。

ウラジオ艦隊の行動次第では、中国大陸への兵員輸送などに支障が起こるからである。

しかし上村艦隊は、濃霧に阻まれウラジオ艦隊を捕捉できず、日本は運搬船「金州丸」「常陸丸」「佐渡丸」が次々と撃沈され、多数の兵隊などを失うことになった。

しかもウラジオ艦隊は、津軽海峡を通過し、伊豆南岸にまで現われ商船数隻を撃沈するに至る。

上村中将が連合艦隊司令部に、撃沈されたのは濃霧のためと、電報を打ったため、議会では代議士が「濃霧濃霧と言い訳をするが、逆さに読めば無能なり」との名ヤジ演説がされたり、留守宅には、投石されたり。

❖田中支隊忠魂碑❖

一九一九（大正八）年、田中支隊は、シベリアにおいて戦闘に従事。数十倍もの敵に包囲され、ほぼ全員が壮烈な戦死を遂げた。
（『ようこそ靖国神社へ』）

鬼畜米英と一緒に戦争していました。

第一次世界大戦は、四年余にわたって戦われましたが、一九一七（大正六）年三月、共産主義革命が起こり、連合国軍に協力していたロシア国内のチェコ・スロバキア軍五万名が、革命政権との戦いでシベリアに閉じ込められてしまいました。

一九一八（大正七）年、アメリカはチェコ・スロバキア軍を助けるという名目で、シベリア進出を企み、ウラジオストックに日本もアメリカと一緒に兵隊を出すことを提案しました。八月二日、日本政府はシベリアに軍隊を出すことを宣言。最終的には日本・アメリカ・イギリス・フランス、それにカナダ・イタリア・中国による、総兵力二万一千名（日本軍一万二千名）の共同出兵となりました。

一九一九年二月二六日、ブラゴエチエンスクとアレキセーフスクを中心に守備していた第一二師団の田中支隊四四名は、プリアムールのユフタ周辺で、敵情偵察のため先遣していましたが、零下四〇度の厳寒のなか、約二〇倍のロシア共産党員ドルゴセイエフスキー指揮下のパルチザンの猛攻撃を受け、重傷者三名を除いて全員戦死しました。

この忠魂碑は一九三四（昭和九）年、田中支隊の生存者であった山崎千代五郎等が、「常陸丸殉難記念碑」同様、現在の九段会館敷地内に建立しましたが、第二次大戦後撤去、埋設されていました。

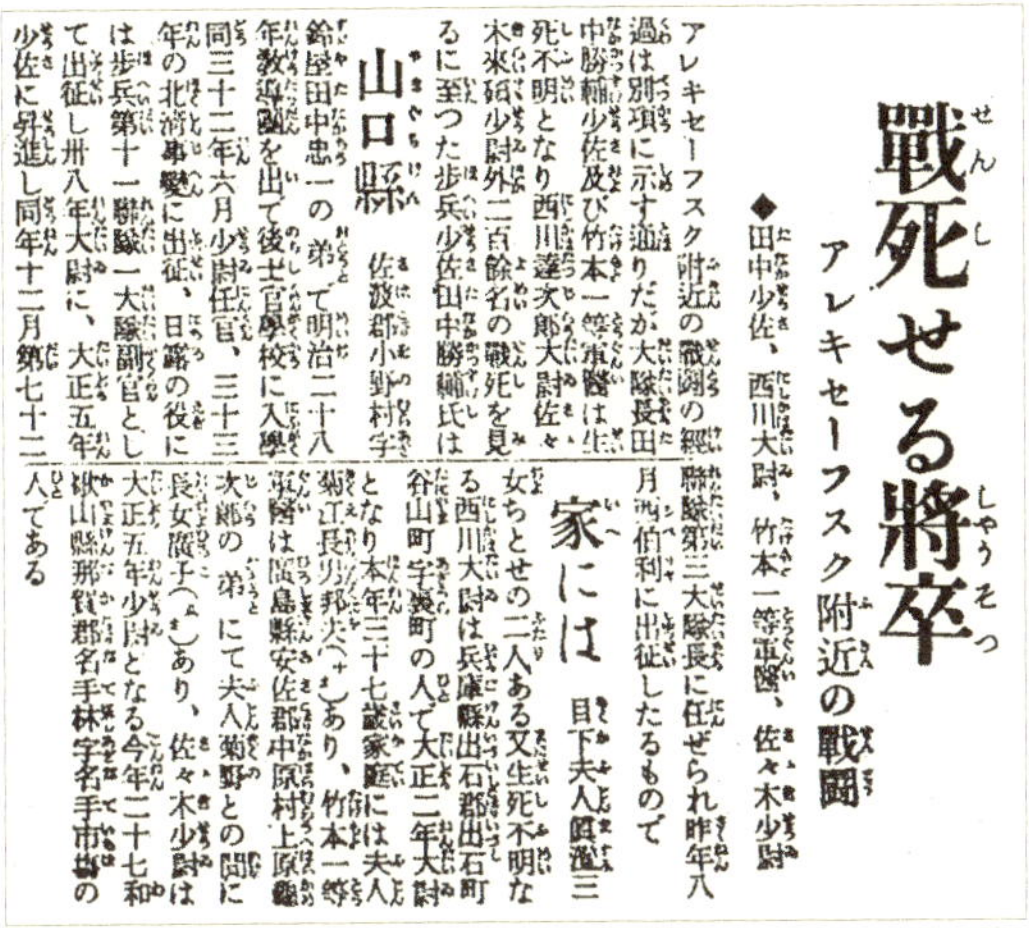

戰死《せんし》せる將卒《しやうそつ》
アレキセーフスク附近の戰鬪
◆田中少佐、西川大尉、竹本一等軍醫、佐々木少尉

アレキセーフスク附近の戰鬪の經過は別項に示す通りだが大隊長田中勝輔少佐及び竹本一等軍醫は生死不明となり西川達次郎大尉佐々木來瓶少尉外二百餘名の戰死を見るに至つた歩兵少佐田中勝輔氏は

山口縣《やまぐちけん》 佐波郡小野村字鈴屋田中忠一の弟で明治二十八年教導團を出て後士官學校に入學同三十二年六月少尉任官、三十三年の北清事變に出征、日露の役には歩兵第十一聯隊一大隊副官として出征し卅八年大尉に、大正五年少佐に昇進し同年十二月第七十二聯隊第三大隊長に任ぜられ昨年八月西伯利に出征したるもので

家《いへ》には 目下夫人與盛三女ちとせの二人ある又生死不明なる西川大尉は兵庫縣出石郡出石町谷山町字裏町の人で大正二年大尉となり本年三十七歳家庭には夫人菊江長男邦夫（十）あり、竹本一等軍醫は廣島縣安佐郡中原村上原[illegible]次郎の弟にて夫人菊野との間に長女寛子（四）あり、佐々木少尉は大正五年少尉となる今年二十七和歌山縣那賀郡名手林字名手市場の人である

▲…田中支隊全滅を伝える「朝日新聞」（1919年3月2日）。

一九六八（昭和四三）年に再建されましたが「昭和館」建築に伴い、靖国神社に移設されました。

台座部分には、事件翌日の一九一九（大正八）年二月二七日、第一二師団長大井成元陸軍大将から同支隊に授与された感謝状が刻まれています（一九六八年再建時に、復刻）。

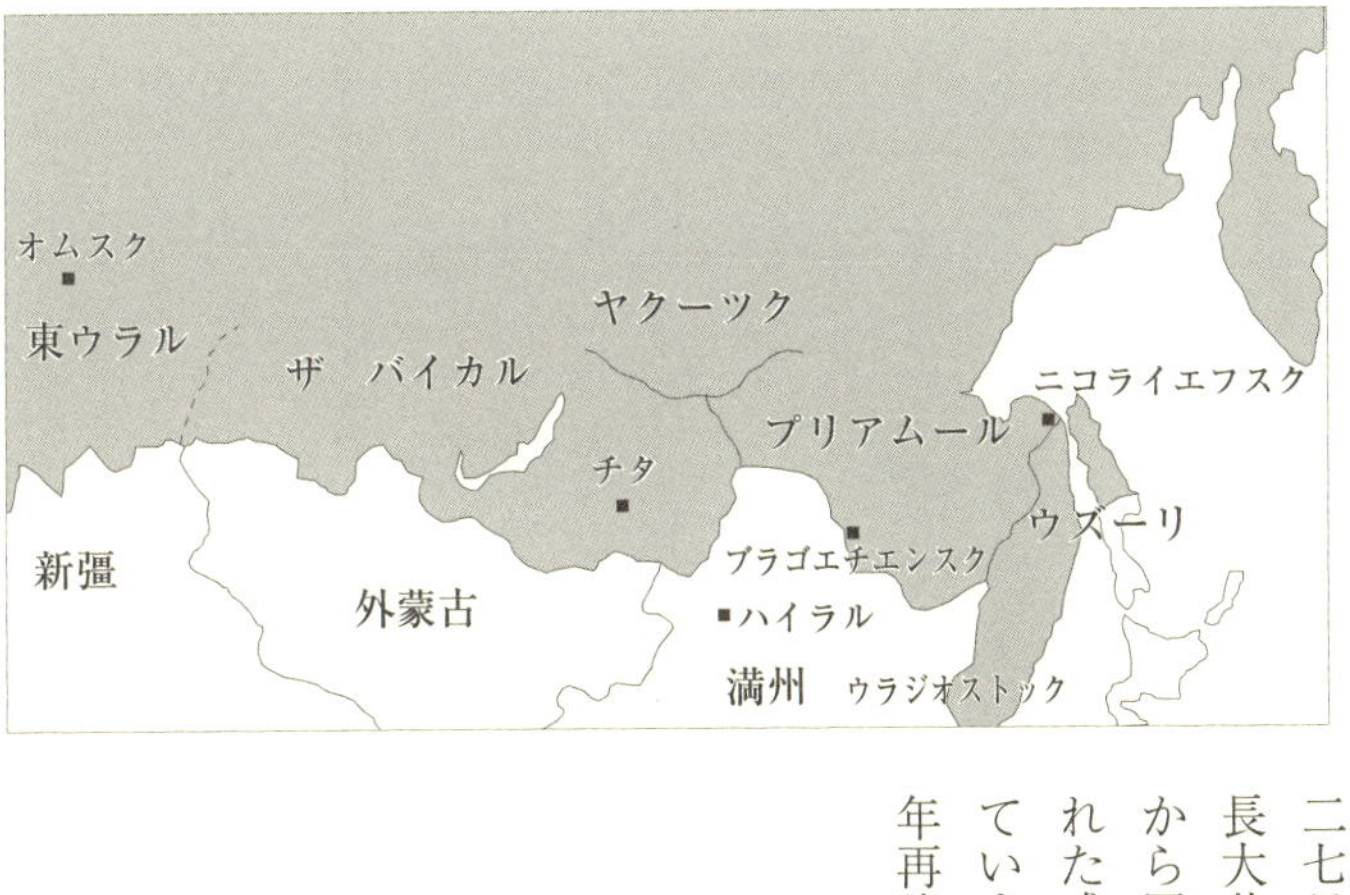

❖慰霊の泉・戦跡の石❖

戦場で水がなくて苦しんだ神さま（御祭神）に、ゆたかで清らかな水をささげようと、一九六七（昭和四二）年に奉納されました。（『やすくに大百科』）

水ヲ下サイ。

デザインは、デフォルメされた母の体内から清水が湧き出るイメージだそうです。

泉の後ろには、アジア太平洋戦争の激戦地の石を収集展示した「戦跡の石」碑もあります。

一般には、一九四五（昭和二〇）年八月敗戦によって終結した戦争を第二次世界大戦、アジア・太平洋戦争、一五年戦争などと呼びますが、靖国神社など、一部の人は「大東亜戦争」と呼びます。

「大東亜戦争」と言う名称は、一九四一（昭和一六）年一二月一二日、東条英機内閣が、「今次の対米英戦争及今後情勢の推移に伴い生起することあるべき戦争は支那事変をも含め、大東亜戦争と呼称す」により「大東亜戦争」と決められ、天皇の命令による「聖戦」とされました。

「大東亜戦争」のスローガンが、「八紘一宇」という言葉で戦争中、頻繁に叫ばれました。

この言葉は、一九四〇（昭和一五）年には、近衛文麿首相が「（天）皇国の国是は、八紘を一宇となす建国の精神に基づく」と、いい始めたことに基づきます。

「八紘一宇」の現代語訳が、日本船舶振興会のコマーシャルで流された「世界は一家。人類皆兄弟」です。

私的解釈をしますと、世界は一家ですが家長は、天皇です。人類はみな兄弟ですが、長男は日本人です。弟たちが持っている物は、全て長男の物です。従わない弟には、暴力で従わせます。

兵隊は「お母さん、水を！」と言いながら戦場で、死んでいったにもかかわらず、靖国神社では、兵士はみんな「天皇陛下万歳！」と言って死んでいったということにされています。

▲…慰霊の泉。

▼…戦跡の石。

【「原爆小景」原民喜より】

水ヲ下サイ
水ヲ下サイ
アア　水ヲ下サイ
ノマシテ下サイ
死ンダハウガ　マシデ
死ンダハウガ
アア
タスケテタスケテ
水ヲ
水ヲ
ドウカ
ドナタカ
　オーオーオーオー
オーオーオーオー
天ガ裂ケ
街ガ無クナリ
川ガ
ナガレテヰル
　オーオーオーオー
オーオーオーオー

夜ガクル
夜ガクル
ヒカラビタ眼ニ
タダレタ唇ニ
ヒリヒリ灼ケテ
フラフラノ
コノ　メチャクチャノ
顔ノ
ニンゲンノウメキ
ニンゲンノ

（『原民喜全集　第一巻』芳賀書店、一九六五年）

❖大村益次郎銅像❖

近代日本陸軍の創設者で靖国神社の創建に力を尽くした人です。一八九三（明治二六）年、日本で最初の西洋式（石膏を原形にした）銅像として建てられました。（「やすくに大百科」）

大村益次郎は、睨み続けています。

この銅像は、高さは一二m。大熊氏広という人が形を作り、東京砲兵工廠で作られました。

「工廠」という難しい漢字が使われていますが、意味は「工場」と同じで、東京にある大砲工場で作られたという意味です。大砲を作る技術を利用して、作られています。兵器工場で作られたのですから、この銅像も兵器です。

銅像は大村益次郎が実戦の指揮をした、賊軍（徳川幕府側）彰義隊討伐時の姿で、目線は上野とか東北地方を睨んでいると言われています。

二〇〇四（平成一六）年、靖国神社第一四代宮司に就任した南部利昭宮司は、大村益次郎が睨み続けている賊軍の象徴、南部藩主の子孫です。「大いに陸海軍制の基礎を定む」という碑文を添えている三条実美は、賊軍として「七卿落ち」で長州に亡命したこともある尊王派の公卿です。

以前は足の下には弓矢をデザインした鉄柵と大砲が配置されていましたが、「金属供出」で撤去されて陸軍省に納められました。よく見ると、鉄柱が立っていた跡がわかります。

大村益次郎は、藩籍奉還、廃刀令など、武士階級が独占していた軍事を国民皆兵にし、軍制を洋式に改めることを主唱したため「西洋かぶれ」として攘夷主義者を刺激し、暗殺されました。

大村益次郎は、西郷隆盛を全く評価してなかった一人で、西郷を反旗を翻した足利尊氏に見立てていたとされています。西郷隆盛の銅像は、西南の役より二一年後の一八九八（明治三一）年、上野の山に建てられています【☞遊就館展示室4、136ページ】。

▲…戦前の臨時大祭用に描かれた絵はがき。

【「大村益次郎卿銘文」を読む】

「慶応二年の役藩の北境を守る」

——徳川幕府が、孝明天皇の命令で行った第二次長州征伐のこと。当然その時、長州藩は賊軍だった。

「明治二年京師（京都）に在り、凶人（悪者・悪人）の戕（殺す、損なう。傷める等の意。ここでは大きな傷を受けたことをいう）」

——死因はテロで受けた傷が悪化した結果。この時代の合祀基準は曖昧で、要するに長州閥の死者が合祀された。

「天皇震悼（天子が臣下の死を嘆き悼ませること）」

——以前は賊軍であっても、勝てば官軍。長州側に移りました。

「故舊（ふるくからのなじみ。ふるくからのしりあい。）相謀り」猪山成之。

——猪山は、元加賀藩士で「経理の猪山」と呼ばれた優秀な経理マンです。

大村益次郎によって引き立てられ、海軍の財務担当としてそれなりに出世しました。この恩に応えるためか、猪山が銅像建立の発起人幹事となり、銅像が建てられました。

❖花崗石狛犬・石鳥居❖

狛犬は、原型を高村光太郎が作ったとも伝えられている。鳥居は石製としては、京都の八坂神社と並ぶ最大級の鳥居。一九三三（昭和八）年、寄付される。

（『靖国神社百年史』）

この狛犬のデザインはオリジナルと思います。

原型制作者として、高村光太郎（一八八三～一九五六）説があるようですが、石鳥居の設計も担当した、建築家伊東忠太のオリジナル・デザインだと考えられます。

伊東忠太は、靖国神社遊就館（一九三〇）、神門（一九三三）の設計にも関わった建築家で、他にも台湾神社（一九〇一）、樺太神社（一九一一）、明治神宮（一九二〇）、朝鮮神宮（一九二五）、一橋大学兼松講堂（一九二七）、東京都震災記念堂（一九三〇）などの設計に関わっています。

パリのノートルダム大聖堂のものが有名ですが、ヨーロッパでは雨水の落とし口などが、ガーゴイル（グロテスクな鳥獣）の形に作られています。

伊東忠太も、設計した建物の正面や、柱頭、屋根などに、伊東忠太自身がデザインした怪獣・幻想動物を配置したことでも有名です。一橋大学兼松講堂など、「怪獣の棲む講堂」との通称があるくらいです。

この狛犬の、ガーゴイル的デザインは、伊東忠太のオリジナルだと考えます。

鳥居の高さは、一一・三五m。笠木の長さ一五・二〇m。石柱の中をくり抜いて、鉄筋を挿入して耐震強度を保っています。

八坂神社の鳥居より、高さで四四cm、笠木の長さで五五cm広い造りです。

奉納した片倉財閥は、一八七三（明治六）年、長野県で、洋式製糸工場を設立し、財閥の基礎を築き、戦後の財閥解体で解散されます。

一族の片倉生命保険は、一九四二（昭和一七）年日産生命保険と合併しましたが、一九九七（平成九）年、破綻しています。

▲…伊藤忠太が設計した朝鮮神宮。

▲…遊就館正面（左）と九段会館（右）のガーゴイル。

▲…戦前の石鳥居風景。

❖靖国の時計塔❖

全国四十万余の戦没者の妻（未亡人）たち（日本遺族会婦人部）からの献金により、一九六五（昭和四〇）年に建設された。平和への祈りを永く後世に伝えようとするブロンズの時計塔。
（『ようこそ靖国神社へ』）

戦没者等の妻とは、一九三七（昭和一二）年七月七日以後に死亡した者（同日前の負傷又は疾病により死亡した者を除く）の妻（婚姻の届出をしていないが、事実上婚姻関係と同様の事情にある者を含む）を対象にしています。

一九三七（昭和一二）年七月七日は、盧溝橋事件勃発の日です。この日起きた発砲事件を契機に、日本軍と国民党政府は戦争状態に突入、その後、中国での侵略戦線は拡大していきました。

法律の目的は、生計の中心だった夫を、戦場で餓死や風土病あるいは戦いで失ったことにより、妻が、戦後、厳しい生活を余儀なくされたなど特別の精神的痛苦を被ったことに対する特別給付金の支給です。戦後二〇周年である一九六五（昭和四〇）年の支給を第一回として、その後一〇年毎に特別給付金が支給されています。

特別給付金は、朝鮮半島や台湾の遺族には、支給されません。

日本遺族会婦人部が、「戦没者等の妻に対する特別給付金」の支給を記念して建設したものです。

「戦没者等の妻に対する特別給付金支給法」は一九六三（昭和三八）年につくられた法律です。

遅れて、一九六六（昭和四一）年には、戦争で、心や体に「しょうがい」を負った夫の妻に対しても、日常生活での介助及び看護、家庭の維持などのために特別な精神的痛苦があったと、「戦傷病者等の妻に対する特別給付金」制度も作られました【㊟しょうけい館、196ページ】。

しかし、「旧軍人・軍属、準軍属が公務上の疾病等により死亡した場合、その遺族が一定要件を満たしているときに支給される」遺族年金さえ支給されていない遺族がいます。それが朝鮮半島や、台湾の遺族です。

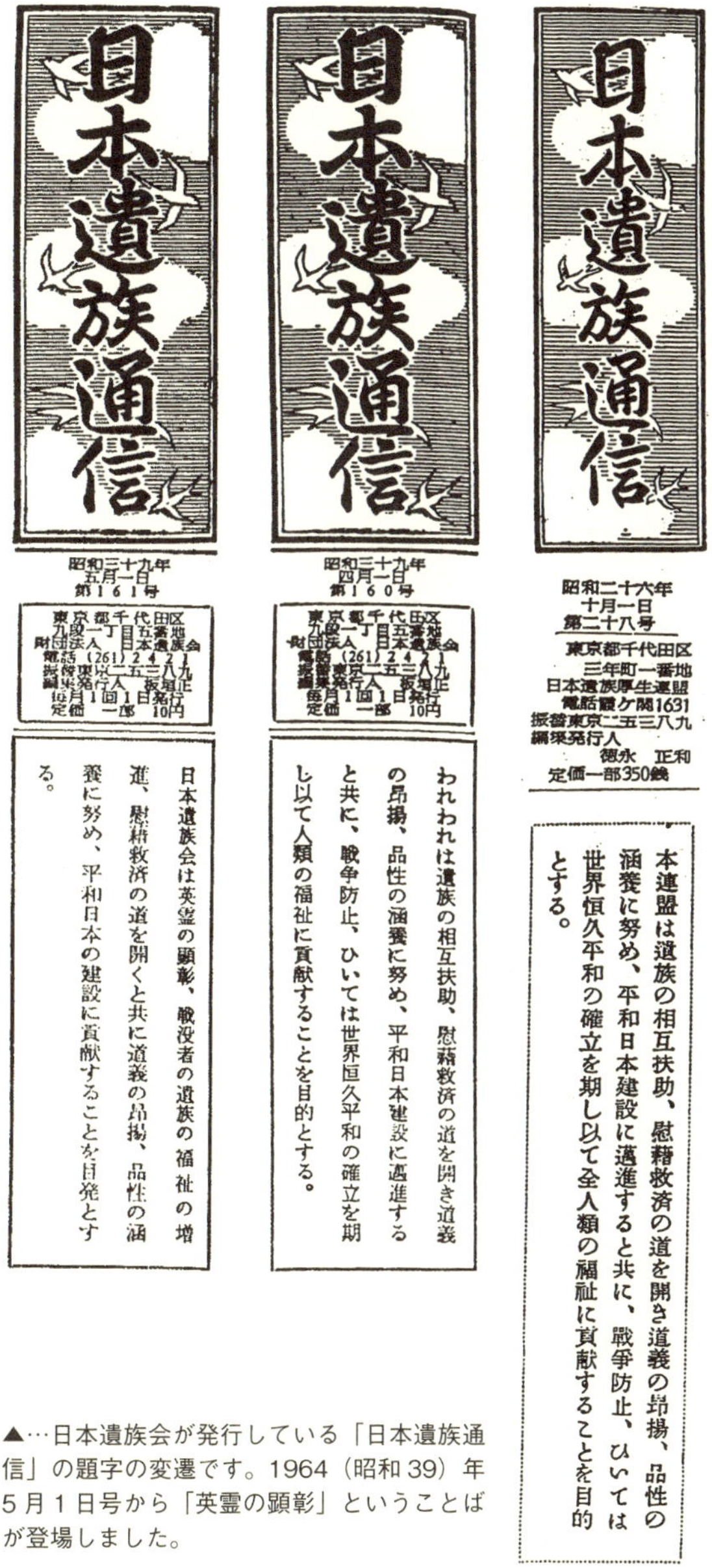
日本遺族通信
昭和二十六年
十月一日
第二十八号
東京都千代田区
三年町一番地
日本遺族厚生連盟
電話霞ケ関1631
振替東京二五三八九
編集発行人
徳永　正和
定価一部350銭
本連盟は遺族の相互扶助、慰藉救済の道を開き道義の昂揚、品性の涵養に努め、平和日本建設に邁進すると共に、戦争防止、ひいては世界恒久平和の確立を期し以て全人類の福祉に貢献することを目的とする。
日本遺族通信
昭和三十九年
四月一日
第160号
東京都千代田区
九段一丁目五番地
財団法人　日本遺族会
電話（261）2421
振替東京二五三八九
編集発行人　板垣正
毎月1回1日発行
定価　一部　10円
われわれは遺族の相互扶助、慰藉救済の道を開き道義の昂揚、品性の涵養に努め、平和日本建設に邁進すると共に、戦争防止、ひいては世界恒久平和の確立を期し以て人類の福祉に貢献することを目的とする。
日本遺族通信
昭和三十九年
五月一日
第161号
東京都千代田区
九段一丁目五番地
財団法人　日本遺族会
電話（261）2421
振替東京二五三八九
編集発行人　板垣正
毎月1回1日発行
定価　一部　10円
日本遺族会は英霊の顕彰、戦没者の遺族の福祉の増進、慰藉救済の道を開くと共に道義の昂揚、品性の涵養に努め、平和日本の建設に貢献することを目的とする。

▲…日本遺族会が発行している「日本遺族通信」の題字の変遷です。1964（昭和39）年5月1日号から「英霊の顕彰」ということばが登場しました。

❖石燈籠・花崗石燈籠❖

参道の左右に六二基も、燈籠が並んでいるにも関わらず、「やすくに大百科」に記載はありません。

寄付したのは、霞が関ビルの地主です。

同じ大きさの六〇基は、一八七九（明治一二）年、西南の役戦没者のために華族会館が奉納したものです。

社殿側の大きな二基も、一九〇六（明治三九）年に、前年に終結した日露戦争の戦死者の合祀のため臨時大祭が執行されることを機に、華族会館が奉納したものです。

日本では、一九四七（昭和二二）年まで、「華族（貴族）」という身分制度があり、親睦団体を「華族会館」といいましたが、新憲法により、華族制度は、廃止されました。

今は社団法人・霞会館と名前を変更していますが、霞が関ビルがある場所は、「華族会館」があった場所です。

社団法人霞会館理事長には、元皇族で伊勢神宮大宮司である久邇邦昭が就任しています。靖国神社の宮司の人選に関しては、靖国神社が、霞会館理事会に人選を依頼し、理事会が靖国神社に対して候補者の推薦をします。推薦を受けた靖国神社は、宮司推薦会議、総代会を開催し、新宮司を内定するというシステムで決

▲…戦前の合祀祭参列の遺族たち（上）と現況。

定しています。

南部宮司は、「（最初は二の足を踏んだが）霞会館の午餐会で天皇陛下から『靖国のことをよろしく頼みます』という言葉を掛けられたので、就任を決断した」とインタビューなどで、発言しています。

A級戦犯合祀に昭和天皇が不快感を示したとされる「富田メモ」に関して、A級戦犯合祀賛成派は、「天皇の政治利用」と非難していますが、南部発言も天皇の宗教利用といえます。

❖外苑休憩所❖

一九三六（昭和一一）年、東京家政学院の豊原繁尾が寄付しました。（外苑休憩所掲額）

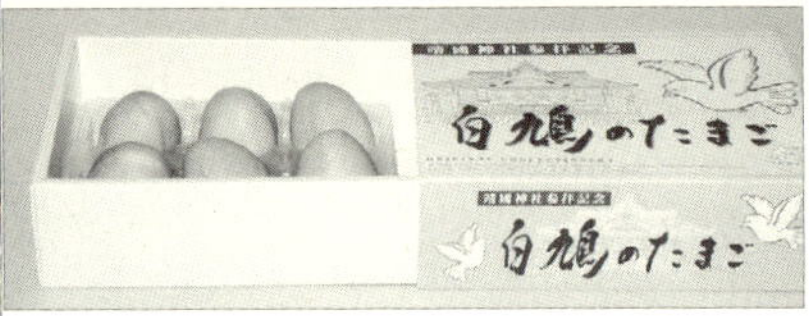

▲…「白鳩のたまご」と、いまはなき「純ちゃんまんじゅう」。

売店の賃貸料に関して以前は、お志という程度のようでしたが、現在は、月額一〇〇万円を越える金額になっています。

靖国神社の収入は、売店の賃貸料やビルの賃貸料、駐車場収入、遊就館の入場料など二〇〇五（平成一七）年は二億三五〇〇万円。神社関係の宗教法人では、明治神宮がダントツの一位です。

靖国神社の年間予算は約二〇億円といわれていますが、遺族・戦友の減少にともない個人・企業からの高額寄付者も減少しています。

氏子を持たない靖国神社にとって、経済基盤の確立は、今後とも頭の痛い問題でしょう。

その点、バブル箱物の象徴である遊就館の小泉効果による入場者の増加は、靖国神社にとって貴重な財源でしょう。

弐 靖國神社内苑篇

メトロカード1000
営団地下鉄
発売額1,000円
井堂雅夫創作木版画
靖国神社

（靖國神社）拜殿前の參拜者

❖「下乗」の高札❖

昔の交通標識です。

乗り物から降りなさい。

さらに社殿に向かって進むと中門鳥居【☞78ページ】のところには「皇族下乗」の高札があります。下乗とは言葉通り、社寺の境内や城内に入るとき、あるいは貴人の前で、敬意をはらう意味で、乗り物から降りることを意味します。

大鳥居から、ここまでが靖国神社の外苑で、下乗の高札から社殿側は内苑になり、より神聖な領域に入ることを意味します。現在でも車止めがありますので、現実的に自動車は乗り入れられません。

中門鳥居の所には「皇族下乗」の高札がありますので、皇族は、今も車で乗り入れているのでしょうか。戦前のニュース写真などを見ますと海軍将校の高松宮などが靖国神社に行ったときは、「皇族下乗」高札のところまで、車で乗り入れていたようですが、現在は「到着殿」から入るようで、車で内苑を直進する事はないようです。

二〇〇七年正月、手水舎前で「猿回し」興行が行われ、内苑で猿回しとはと、激怒する人たちも登場、大騒動が勃発しました。

▲…天皇が拝殿前まで車で乗りつけています。

▲…天皇の車列を送迎する遺族たち。

当初、靖国神社は、猿は十二支にも入っているから不浄とは言えないと主張したようで、それでは、猪・牛・馬もOKか。犬の散歩も可能になるではないかなど、議論百出。

「猿回し」の場所について、某団体が、「第二鳥居の外に設けていただきたい」と要求書を靖国神社に提出。これに対し、靖国神社は「『猿回し』披露の場所については、今回の場所に選定しているわけではありません。今後とも、要請のある都度、空き地などを検討の上選定いたします」との回答を行いました。

❖大燈籠❖

高さ一三m。高さ九七㎝・横一三六㎝のレリーフがはめ込まれています。左側に陸軍、右側に海軍の日清戦争から満州事変までの主な戦闘場面が描かれています。
（『靖国神社百年史』）

レリーフ【☞58ページ】には、銃口の先にある、台湾原住民の人たちは描かれていません。

一八九五（明治二八）年、日清戦争の結果「下関条約」が結ばれ、日本は台湾を日本の植民地にしました。

植民地民として元から住んでいる人たちを従わせるために、軍隊や警官隊を速やかに移動させる必要から、鉄道網の整備が行われ、一九〇八（明治四一）年には台湾を縦貫する鉄道を開通させました。

▲…塗りつぶされた大燈籠のレリーフ（1947年、神道指令に基づく東京都教育局の指示でコンクリートで塗りつぶされましたが、1957年にまた剥がされました）。

当時蕃人・蕃族と呼ばれた台湾原住民に対しては、理蕃政策と呼ばれる、天皇に従わせるための強制的な政治が行われました。

これに対して台湾原住民は、各地で抵抗運動を行いました。第五代台湾総督の佐久間総督は、綿密に計画を練った上で一九一三（大正二）年軍隊・警察合わせて約一万人もの大規模な動員の末に、圧倒的な武力で台湾原住民の抵抗を弾圧しました。

レリーフの一枚は「台湾鎮定一九〇八年警官隊の戦闘」と題されています。この絵は台湾原住民の抵抗を武力で弾圧する絵です。

陸軍の「日清戦争から満州事変までの主な戦闘」場面として、警官隊の場面を挿入するほど、台湾原住民の抵抗運動が激しかったことを物語っています。

大燈籠は、富国徴兵保険相互会社（現、フコク生命）が、「創立一〇周年並びに保有契約三億円達成を記念」して、寄付したものです。

フコク生命は、一九四六（昭和二一）年、日比谷にあった本社ビルがＧＨＱに接収されたこともあり、遊就館を一ヵ月五万円で借り上げ、靖国神社の戦後経営を助ける役割も果たしています。

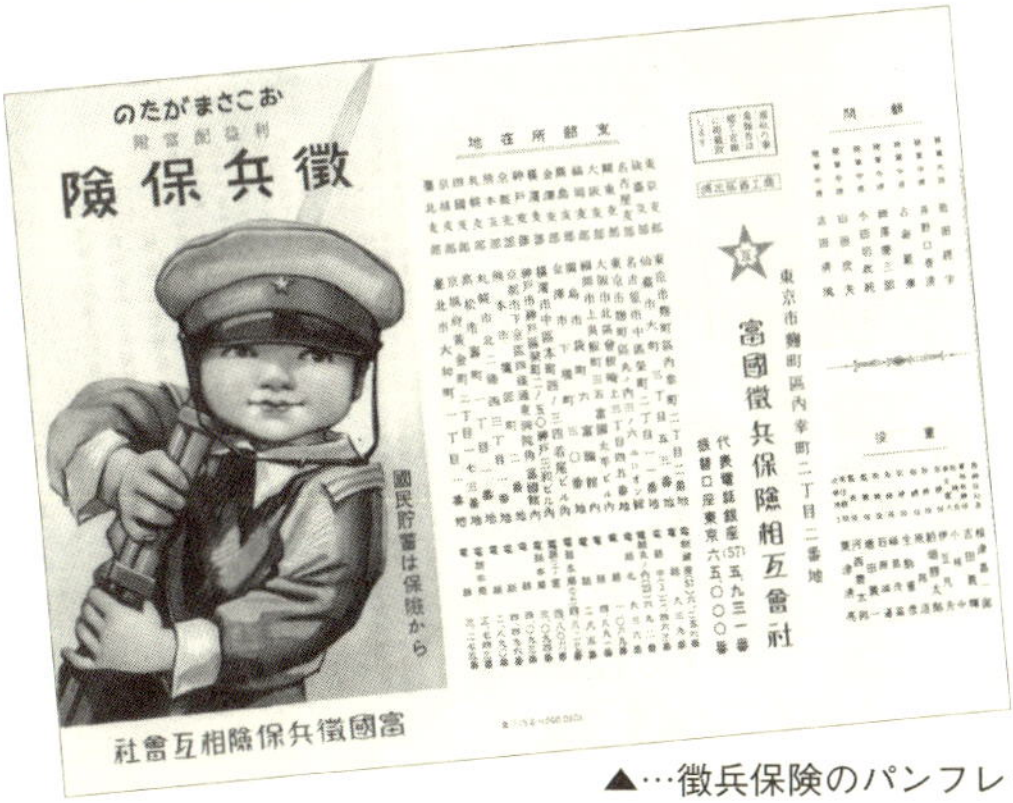

▲…徴兵保険のパンフレットから。

❶

❷

【レリーフの絵葉書】

❶日清戦争広島大本営「一八九四（明治二七）年九月一五日、大元帥陛下広島大本営に入らせらる」

日清戦争黄海会戦「一八九四（明治二七）年九月一七日、我が連合艦隊、清国北洋水師を撃破す」

義和団の乱天津城攻撃「一九〇〇（明治三三）年七月一四日払暁、我が軍は天津城南門を破壊し更に其第二門を排し突入して天津城を占領せり」

❷日露戦争広瀬中佐「一九〇四（明治三七）年三月二七日、福井丸指揮官広瀬中佐杉野兵曹長を求めつつ短艇に移る刹那の光景」

日露戦争三笠艦橋東郷元帥「一九〇五（明治三八）年五月二七日東郷司令長官露国艦隊を撃滅す」

日露戦争奉天入城式「一九〇五（明治三八）年三月一五日大山満州軍総司令官其幕僚と共に奉天入城の光景」

❸第一次世界大戦装甲列車の戦闘「一九二〇（大正九）年五月一日、西伯利チタ付近に於ける第五師団装甲列車の戦闘」

台湾鎮定警官隊の戦闘「一九〇八（明治四一）年一二月、七脚川社討伐に際し警官隊の戦闘」

第一次世界大戦地中海遠征の特務艦隊「一九一七（大正六）年、連合諸国海軍と共同海上交通線の確保に任ず」

❸

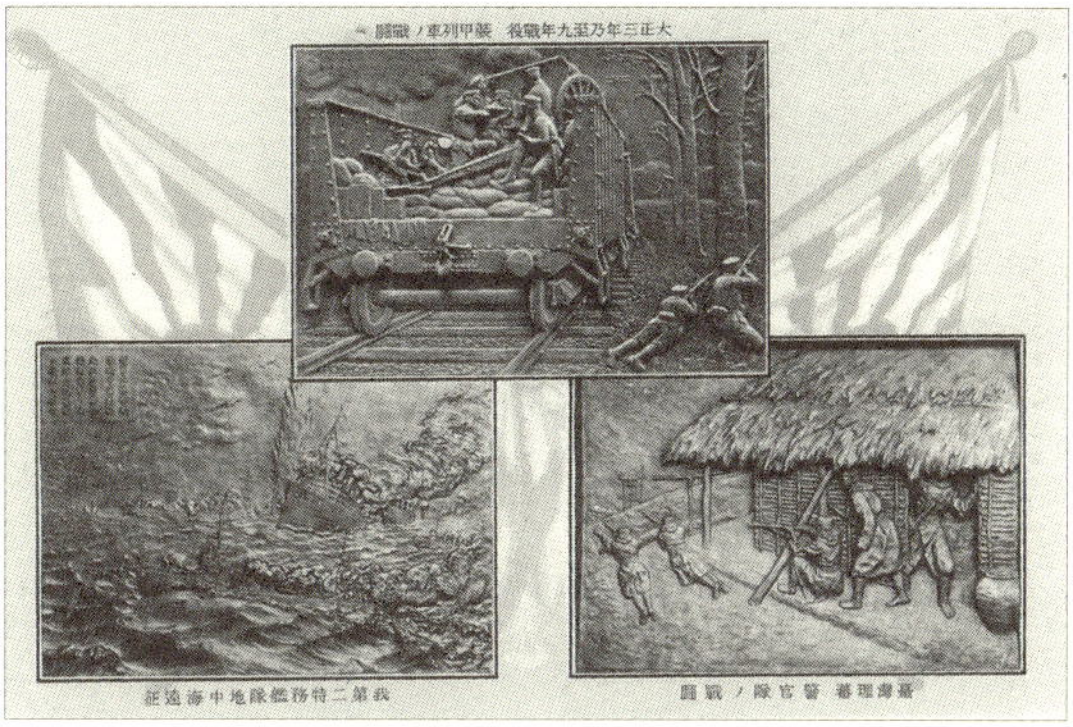

❹

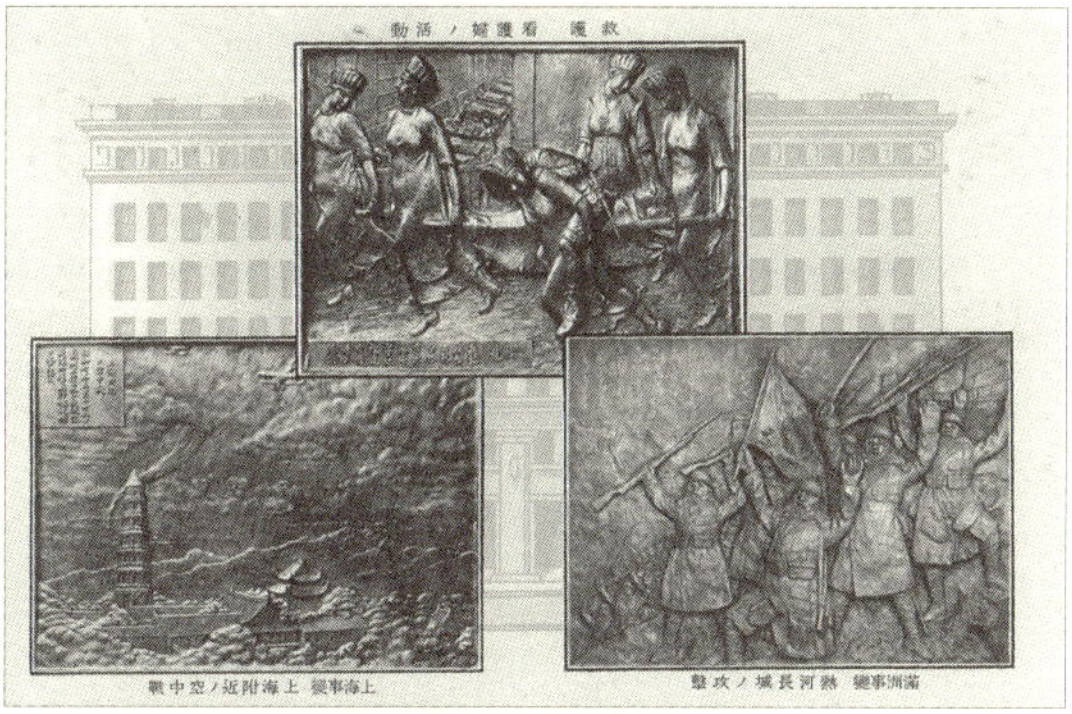

❺

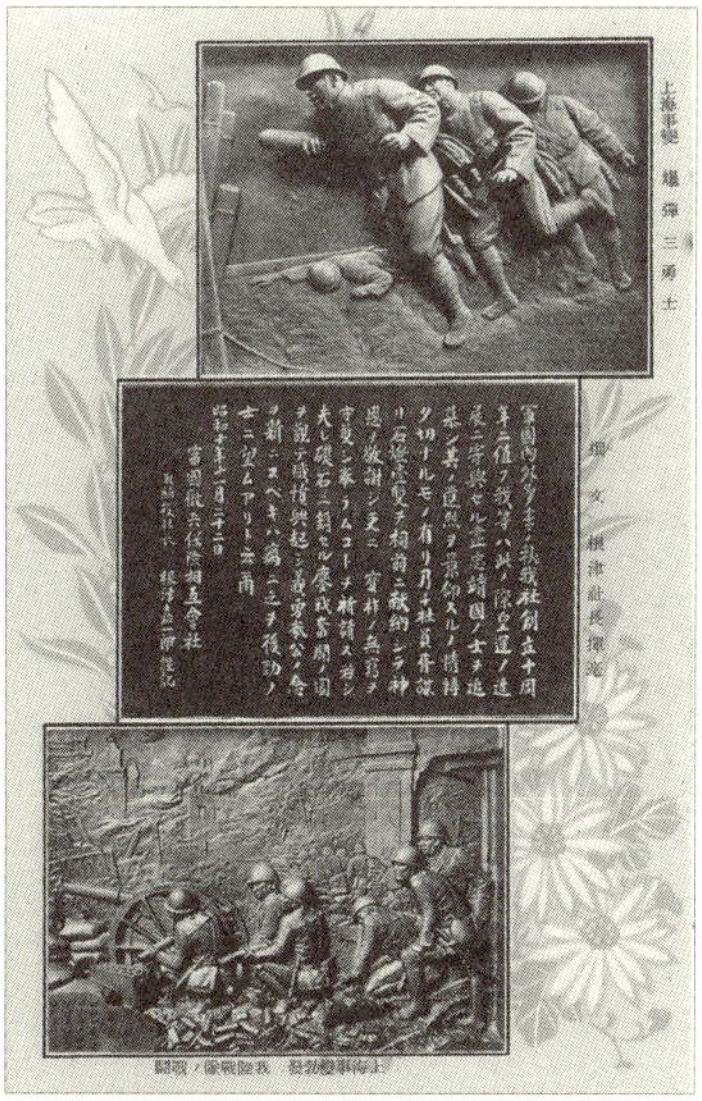

❹赤十字看護婦救護活動「兵站病院に於ける日本赤十字社救護看護婦の活動」

熱河長城攻撃「一九三三（昭和八）年三月、我が軍は長城の線を攻撃し、歩兵一六旅団は三月一〇日午後五時三〇分、古北口付近の一角を占領せり」

日中戦争上海付近の空中戦「一九三二（昭和七）年二月二二日、蘇州上空に於いて我が航空戦隊所属飛行機敵機を撃滅す」

❺日中戦争爆弾三勇士「一九三二（昭和七）年二月二二日払暁、歩兵第二四連隊第一大隊の廟巷鎮攻撃の際、工兵第一八大隊第二中隊江下武二、北川丞、作江伊之助突撃路爆破の状況」

日中戦争海軍陸戦隊「一九三二（昭和七）年一月二八日、我が海軍陸戦隊は十倍の敵に当り武威を発揚す」

❖例大祭告示の高札❖

「やすくに大百科」『ようこそ靖国神社へ』にも出ていません。

黒っぽいので写真では見えませんが、高札の最後に書かれている「勅裁件の如し」って何でしょう。靖国神社の春・秋例大祭は、天皇が決めた、ということを宣言する看板です。

靖国神社の例大祭は、最初から今の日ではありませんでした。一八六九（明治二）年、東京招魂社創建の年に、一月三日鳥羽・伏見の乱が起きた日。五月一五日上野彰義隊壊滅の日、九月二二日会津藩降伏の日に決められ、一八七三（明治六）年、陰暦を太陽暦に改めたことを機に、例祭日も一月三一日・六月九日・一一月一二日に改められ、勅使は一一月の例大祭に参加することになりました。

日清・日露戦争を経て、さらに第一次世界大戦（一九一四〜一九一八）に参戦するなど、アジアへの侵略体制を強化しようという時、国内的に会津藩などを賊軍として記憶し続ける日を、例大祭日としておくのはまずい、と考えたのでしょう。一九一七（大正六）年、春の例大祭を日露戦争後の陸軍凱旋観兵式の日である四月三〇日、秋の例大祭を同じく海軍凱旋観艦式の日である一〇月二三日に変更します。

現在の例大祭の日は、神道指令もあり、旧暦の春分の日・秋分の日を新暦（太陽暦）に換算して、四月二二日と一〇月一八日を例祭日としました。一九四五（昭和二〇）年まで、天皇は明治政府の政策により「現人神」と呼ばれ、天皇が神社に行くときには、神が神のところに出向くということで、臨時大祭になります。

❖青銅大鳥居（第二鳥居）❖

青銅製の鳥居としては、日本一。円筒形の柱には継ぎ目がない。（『靖国神社百年史』）

この鳥居も兵器です。

一八八七（明治二〇）年に建てられた現在の第二鳥居は、陸海軍当局が計画を進め、旧諸藩より提出された大砲を原料にして作られたものです。

後ろ側には、「大阪砲兵工廠」と書かれています。大阪にある大砲工場で作られたという意味です。

大砲を作る技術を利用して、反射炉において継ぎ目のない構造で造られました。

「規模を壮大にして、かつ万世不朽の構造」を目指して造られ、高さ一五・一五mあります。

兵器だけを作る工場で作られたのですから、この鳥居も兵器です。

第二鳥居は当初、現在の神門の位置にありましたが、神門建設に伴い現在地に移設されています。

▲…神門ができる前の第二鳥居。

❖お札などに見る神社❖

▲…靖国神社が描かれた紙幣。

▲…北野神社が描かれた軍票。軍票は紙幣番号の印刷はなく、大量に発行されました。

▲…靖国神社が描かれた切手。

▲…『主婦之友』募集・文部省検定「靖国神社の歌便箋」表紙。

▲…『主婦之友』付録「支那事変皇軍大勝双六」より。

▲…台湾神社が描かれた台湾の紙幣。

▲…台湾銀行の株券にも台湾神社が描かれています。

▲…「父は九段の桜花」。

▲…「むすこは御国のまもり神」。

▲…「誉れの家門に輝く記章」（遺族章）。

以上「愛国カルタ」より。

❖大手水舎❖

一九四〇（昭和一五）年、アメリカで暮らしていた日本人の方々が奉納したものです。（「やすくに大百科」）

一枚岩を誇っています。

「手水舎」は、「ちょうずしゃ」とか「てみずしゃ」とかいろいろな読み方があります。

水を溜めてある手水盤は、茨城県稲田産花崗岩をくり抜いて作られています。重さは、約一八トンあると言われています。覆屋は、全て台湾檜です。

寄付団体の正式名称は、「在米日本人兵役義務者会」です。アメリカで暮らしていて兵隊になる年齢になった日本人たちが寄付しました。

日本では、一八七二（明治五）年に布告された「全国徴兵に関する詔」、一八七三（明治六）年の太政官布告「徴兵令」の布告によって、国民皆兵制が始まりました。

一九二七（昭和二）年四月一日に、従来の徴兵令を廃止し、新たに「兵役法」（法第四七号）が公布されました。

この法律の第一条では「帝国臣民たる男子は、本法の定むる所に依り兵役に服す」とされ、男子は満二〇歳になると徴兵検査を受ける義務が課せられました。

しかし第六一条では、「4　帝国外の地に旅行又は在留する者」は召集を免除するとされています。

この条文に基づき、アメリカに在住していた日本人は、徴兵検査を受ける義務年齢の満二〇歳になっても「帝国外の地に在留する者」として、徴兵が免除されました。

そのため、徴兵に代わるものとして、当時の金額で六万五千余円という大金が寄付され、大手水舎の建築資金となりました。

現在の日本では「徴兵・兵役は日本国憲法で禁じる『意に反する苦役』であり違憲である」との見解を示しています。

▲…古い手水舎は1940年に河内・伴林氏神社に移設されました。

▲…ソウルの乃木神社の跡地では……。

▲…かつての朝鮮乃木神社。

▲…こんなふうに利用されています。

▲…サッカーゴールの裏側に手水盤が。

❖神門❖

一九三四（昭和九）年に完成した檜作りのりっぱなご門。
（「やすくに大百科」）

木の部分は全て台湾檜です。

扉だけでも六mあります。

一六枚の菊のマークは、本物の金箔が貼られています。直径一・五m。パスポートの表紙にもこのマークが印刷されています。

契約額が五億円に達したことを記念して、神門を寄付した第一徴兵保険会社は、戦後、東邦生命と名称変更しましたが、一九九九年に倒産してい

ます。

一番太い柱は、樹齢千年を越えるといわれる台湾檜で、一九一四（大正三）年に開通した阿里山森林鉄道で運び出され、軍艦で運ばれてきました。

台湾では現在も、阿里山を中心に樹齢千年級の檜が存在しますが、伐採は禁止されています。

日本にも檜はたくさんありますが、樹齢千年の檜となると、神社・寺院で大切にされているものしか見ることができません。

屋久杉は、屋久島で産する杉のうち樹齢千年以上のものを指します。一九九三（平成五）年に、世界遺産に登録された有名な、樹齢千年以上の屋久杉は、一九七〇（昭和四五）年以降、伐採は禁止されています。

▲…幣振の儀。

▲…神門通り初め。

▲…台湾・阿里山の「神木」（鳥居用材）。

▲…用材の前に立つ第一徴兵保険会社副社長。

❖白鳩鳩舎❖

ポッポの仲間が約五〇〇羽います。毎日二回、レオポルド・モーツァルト作曲の「おもちゃのシンフォニー」が境内に流れると、ポッポの食事の時間です。
（「やすくに大百科」）

以前は、白鳩ばかりにするために、他の所でよく見られるネズミ色の土鳩は、神社の人が掴まえて遠くに行って放していました。ところがそのやり方では、白鳩と土鳩の結婚を阻止できなくなったため、現在では、鳩の食事は、鳩舎内で行われています。

餌の自動販売機は、お休み中です。
レオポルド・モーツァルト作曲の「おもちゃのシンフォニー」は境内に流されていますが。

▲…餌の自動販売機はお休み中です。

鳩の餌の自動販売機も片付けられてしまい、そのため、鳩小屋近辺でしか、白鳩は見られなくなってしまいました。

毎年八月一五日は、白鳩の放鳩式が行われています。鳩は昔から、平和の象徴とされています。

戦争を賛美する神社が、平和の象徴を飼っているのもおかしいですが、昔から、「平和のため」ということが、戦争をする理由として多く利用されてきました。

「パックス・ロマーナ＝ローマの平和」という言葉があります。古代ローマ帝国時代のローマの支配領域内における平和を指す言葉ですが、ローマ帝国の皇帝が持つ絶対的な権力によって平和が実現したことを意味します。

現代では、「パックス・アメリカーナ＝アメリカの平和」という、アメリカの政治・軍事姿勢を指す言葉があります。アメリカの圧倒的な軍事力。そしてその軍事力を常にどこへでも展開させる機動力。支配下の地域や、アメリカが必要とする石油などの資源がある地域で、問題が起きれば圧倒的な軍事力で介入し、力ですべて押さえ込むことを言います。

▲…1980年代に靖国神社で販売されていた絵はがきにはたくさんの白鳩が。

❖青銅大燈籠❖

一八八〇（明治一三）年に、警視局（現在の警視庁）から、寄付された物で、赤いガラスが嵌め込まれ、周囲には、古代中国伝承の神獣（龍・鳳凰・麒麟・玄武）が描かれています。
（『靖国神社百年史』）

元賊軍。今官軍。

西南戦争（一八七七年二月一五日〜九月二四日）の戦没者のために、一八八〇（明治一三）年五月一七日に、警視局より青銅大燈籠が寄付されています。

この日には「西南の役に転戦せる警視局巡査追悼の臨時大祭」が行われ、わざわざ勅使が靖国神社に来ています。

西南戦争での警視局戦没者として靖国神社に合祀された祭神の中に、いろいろな人物がいます。

筆頭は、佐川官兵衛という人物です。

当時の警視局は、西郷隆盛が征韓論に破れ野に下ると、征韓論派は一斉に官職を辞職したため、警視局の巡査も、定員割れを起こします。

大警視川路利良は、この人材不足を補う方策として、旧会津藩士から警視局職員を募集します。

これに応えたのが、元会津藩家老佐川官兵衛です。三〇八人の部下を引き連れ東京の警視局に就職します。

賊軍時代の彼は、藩主松平容保が京都守護職に任じられたとき京都に従い、鳥羽・伏見の戦いで、薩長勢を迎え撃った時には、その壮絶な抜刀切込みと、血まみれた阿修羅のごとき形相から「鬼官兵衛」と呼ばれ、薩長の志士を震え上がらせたといいます。

戊辰戦争に敗北し、他の会津藩士とともに、下北半島へ追放され、謹慎生活を送ります。

西南戦争が起きた時、麹町警察署長をしていた官兵衛は、今度は官軍として、西南戦争参戦を命じられます。


この燈籠も、明治時代の浮世絵によく描かれているにも関わらず、「やすくに大百科」には出ていません。

西南戦争関係のものは、宣伝したくないように思えてなりません。赤いガラスに灯が入る時刻が見頃です。

▲…三代広重筆「東京名所図絵」より。

▲…靖国神社で売っていたテレホンカードにも。

❖社務所・斎館❖

社務所は、東京都認証の宗教法人靖国神社の事務を行うところです。斎館は、祭りなどが行われるときに、神事の始まる前に神職などが心身を清めるためにこもる建物です。（『靖国神社百年史』）

事務所です。

一九四六（昭和二一）年九月、靖国神社は、宗教法人令に基づき宗教法人靖国神社の登記をします。「宗教法人令」は、一九五一（昭和二六）年四月三日「宗教法人法」に改正され、東京都知事認証の単一宗教法人になります。

靖国神社の「目的は、明治天皇の宣らせ給うた『安国』の聖旨に基き、国事に殉ぜられた人々を奉斎し、神道の祭祀を行い、その神徳をひろめ、本神社を信奉する祭神の遺族その他の崇敬者を教化育成し、社会の福祉に寄与しその他本神社の目的を達成するための業務及び事業を行うことを目的とする」（宗教法人「靖国神社」規則一九五二（昭和二七）年九月三〇日制定）とされています。

社務所の建物右側の入り口は「斎館」として、普段は、木製の柵が置かれ、扉も閉じられています。現在は、天皇のお使い、靖国神社では「勅使」と言いますが、春秋の例大祭に来た時に使います。戦前、勅使が参向して祭祀が執行される神社のことを勅祭社・准勅祭社と言いました。現在、勅祭社という制度は廃止されましたが、戦前と同様に、いくつかの神社に勅使が派遣されています。この派遣費用は、天皇一家と皇太子一家の日常の費用などに使われる内廷費から支出されています。内廷費の金額は、年三億二四〇〇万円です。

内廷費から支出されているので、憲法に定める政教分離原則に反しないと政府は説明していますが、政教分離原則に抵触する疑いが濃厚です。靖国神社には、春秋二回の例大祭に勅使が派遣されています。

現在は消滅していますが、朝鮮神宮も海外にあった侵略神社で唯一、勅祭社でした。

▲…大元帥陛下、「心配」せずに御親拝。

【天皇殿下】

宗教法人明治神宮（外山勝志宮司）は、「神社本庁」加盟神社として、毎年、一五〇〇万円という最高額の分担金を神社本庁に納め、かつ、神社本庁の所在地（土地建物）を提供している大社でしたが、二〇〇四年、神社本庁から離脱し、「単立」の宗教法人になりました。

過去にも、日光東照宮や伏見稲荷大社といった大社が、神社本庁を離脱したことがありましたが、明治神宮は、国家神道下、官幣大社として創建され、歴代宮司も神社本庁の意向によって任命されてきた歴史を持つ神宮であり、従来の神社の離脱とは、比較にならないくらいの影響力があります。

離脱に至った直接の理由は、昭憲皇太后（明治天皇の妻）九〇年祭の案内状に「両陛下」を「両殿下」と誤記するという、神社界では考えられない「不敬」案内状を発信したことが発端です。

ただ、明治神宮外苑の都市再開発計画も、底流にあるのではというゴシップも流されています。

火のあるところに、煙が立っています。

❖天皇のお使い（勅使）靖国神社へ❖

▶…仮設スロープが設置された神門を通過（午前10時頃）。

◀…斎館に到着。

▶…斎館を出発（午前10時30分頃）。

◀…天皇からの「賜り物」である「幣帛」が入った唐櫃（からびつ）をかついでいます。

▶…勅使一行の行進。

◀…こちらが「お使い」の人です。

▶…拝殿から本殿へ。

◀…唐櫃を片づけていますが、なんとなくぞんざいな扱いに見えます。

▶…ど真ん中を通って帰ります（午前11時頃）。

❖能楽堂❖

一八八一（明治一四）年、岩倉具視らにより東京・芝公園に建てられた能舞台で、一九〇三（明治三六）年に靖国神社に寄付されました。（『靖国神社百年史』）

この舞台では能だけでなく、歌や踊りも行われています。

明治維新後、時代は鹿鳴館などに見られるヨーロッパ志向となり、能楽などは一時ひどく衰えた時期がありました。この時期に、各流派協力して建てられたものですが、その後、流派ごとに能舞台が作られたため使われなくなり、保存移転先として、紆余曲折の末、神社に寄付されたものです。

一九二三（大正一二）年九月に起きた関東大震災で大被害を受けますが、翌年、「業者に工事進捗方を督促せるも、自己の都合により徒に施行を延滞し義務を履行せず」、という問題も発生しますが、契約期間より四一日遅れて一一月に修繕が完了します。

最初は、現在の招魂斎庭のところにありましたが、招魂斎庭の移転拡張に伴い、一九五三（昭和二八）年、現在の場所に再移築されています。

一九八四（昭和五九）年八月一三日、日本遺族会青壮年部と支援者が、能楽堂で公式参拝を祈願する断食に入りますが、八月一五日、リクルート・藤波官房長官（当時）は、参拝後、断食者の前で中曽根首相の公式参拝実現を示唆、五〇時間の断食は終わりました。

中曽根首相は、武道館での全国戦没者追悼式に参加した後、「神社からお祓いを受けない」「二拝二拍手一拝の拍手をしない」「本殿では黙祷・一礼だけ」とし、「玉串と榊の奉奠は行わず、供花代として三万円を公費から支出する」という違憲回避のための政治的参拝形式を採りました。しかし、中曽根首相の靖国神社参拝に対して、訴訟が起こされ、一九九二（平成四）年福岡高裁では、「首相が参拝を継続すれば憲法違反である」との判決を行っています。

▲…能楽堂ではこんな催しも

【無礼・非礼　中曽根参拝】

神社としては総理の記帳時、外から見えないようにしてお祓いをしたんです。人の家に泥靴で踏込むような人の所に宮司が出ていって、よくぞいらしゃいました、ということは口が裂けてもいえませんから、私（松平宮司）は社務所にいて出ないことにしました。

非常に芝居がかった演出だといっては適切ではないかもしれませんけれど、神門から拝殿までの間に、ずっと遺族さん方が並んで拍手で迎えるように取り仕切り、参道の総理に手を叩いている。まるでショーのようなつもりでやってるんです。

荒木禰宜が先導して中曽根総理、それから幕僚として厚生大臣と藤波官房長官を従えているのはよいとしても、その横に四人のボディーガードを連れて行動していたんですね。

うちの神様方というのはみんな手足四散して戦場でなくなった方が大部分です。そこへ参拝するのに自分の身の安全をはかるため、四人もぴったりとガードをつけるなんていうのは、無礼・非礼のきわみというほかありません。

（「靖国神社をより良く知るために」靖国神社・一九九三）

中門鳥居

現在は四代目です。初代は、一九〇一（明治三四）年、一〇月五日、拝殿と共に完成。（『靖国神社百年史』）

初代は、扉付き【☞3ページ地図チ】。

第二代は、一九三九（昭和一四）年、東京市立小学校教員・児童七五万余人が「一死君国に報ぜられし勇士に対し、慰霊と感謝の意を致したく」（『靖国神社百年史』上）寄付しています。

第三代は、一九七五（昭和五〇）年、東京・世田谷の材木商が寄付して、建て替えられています。このときの鳥居は、柱の直径一m、高さ一〇m、笠木の長さ一三m、貫の長さ七・九m、台湾・丹大山の樹齢二〇〇〇年の檜が使われています。

第四代は、「中門鳥居御用材木造祭」「中門鳥居御用材御木曳祭」など、伊勢神宮式年遷宮を模した儀式を行いながら、二〇〇六（平成一八）年五月に竣工しました。

「現在ではこれほどの大きさの檜は国内外を問わず非常に希少」（社報「靖国」）で、秩父・三峰神社の「神木」を用材として切り出して制作したものです。柱の直径〇・八m、高さ九m、笠木の長さ一二m、貫の長さ七m。

三代目の用材は、二ヶ所の旧招魂斎庭と、長野県穂高町の「靖国神社山葵御料圃」に新たに鳥居として、リサイクルされています。

四代目の鳥居を寄付したのは、宗教法人「仏所護念会教団」です。

仏所護念会教団は、一九五〇（昭和二五）年、霊友会から独立した宗教団体で、靖国神社国家護持法案が推進されていた時期に、同法案に反対する新日本宗教団体連合会を脱会しました。

現在も、「新しい教科書をつくる会」などの母体とも言える「日本会議」の代表委員の一人として、教団会長の関口徳高が参加しています。南部利昭靖国神社宮司も代表委員です。

▲…第二代中門鳥居。

▲…御用材御木曳祭（2006 年 2 月 26 日）。

▲…第三代中門鳥居。

❖拝殿❖

一八九九（明治三二）年につくられ、一九八九（平成元）年に、屋根が、修理されました。前に、賽銭箱が置かれています。天皇の使いが来た時は、この賽銭箱は退かされて、正面から真っ直ぐ階段を上って本殿に向かいます。
（『靖国神社百年史』）

拝殿前で帰りました。

一九八八（昭和六四）年、靖国神社創立一二〇年にあたり「昭和大修築」の一環として、拝殿の修理も行われました。普段は白色の幕が張られていますが、天皇の使いが来る時やお祭りの時は、高貴な色とされる紫色の幕が張られます。

二〇〇二（平成一四）年、音楽プロデューサーの小室哲哉とｇｌｏｂｅのボーカルＫＥＩＫＯの結婚式場にも使われました。

二〇〇五（平成一七）年の一〇月一七日、当時の小泉首相は、一〇時一〇分頃、公用車で大燈籠前に到着。スーツ姿の平服、徒歩で拝殿前へ。階段前で一礼、ポケットから賽銭を出し、賽銭箱に投入。合掌して頭を下げ、一〇時一三分頃、参道を戻り、再び公用車で戻りました。この参拝形式は明らかに参拝直前の九月三〇日、大阪高裁で判決が出された「大阪靖国参拝違憲訴訟（台湾）判決」を意識した参拝形式と考えられます。

大阪高裁判決は、

① 参拝は、小泉首相就任前の公約の実行としてなされた。

② 小泉首相は参拝を私的なものと明言せず、公的立場での参拝を否定していない。

③ 小泉首相の参拝の動機、目的は政治的なものである。

と指摘した上で、国が靖国神社を特別に支援し、他の宗教団体と異なるとの印象を与え、特定の宗教に対する助長、促進になると認められると、憲法二〇条三項の禁止する宗教的活動であると明確な違憲判決を言い渡していました。

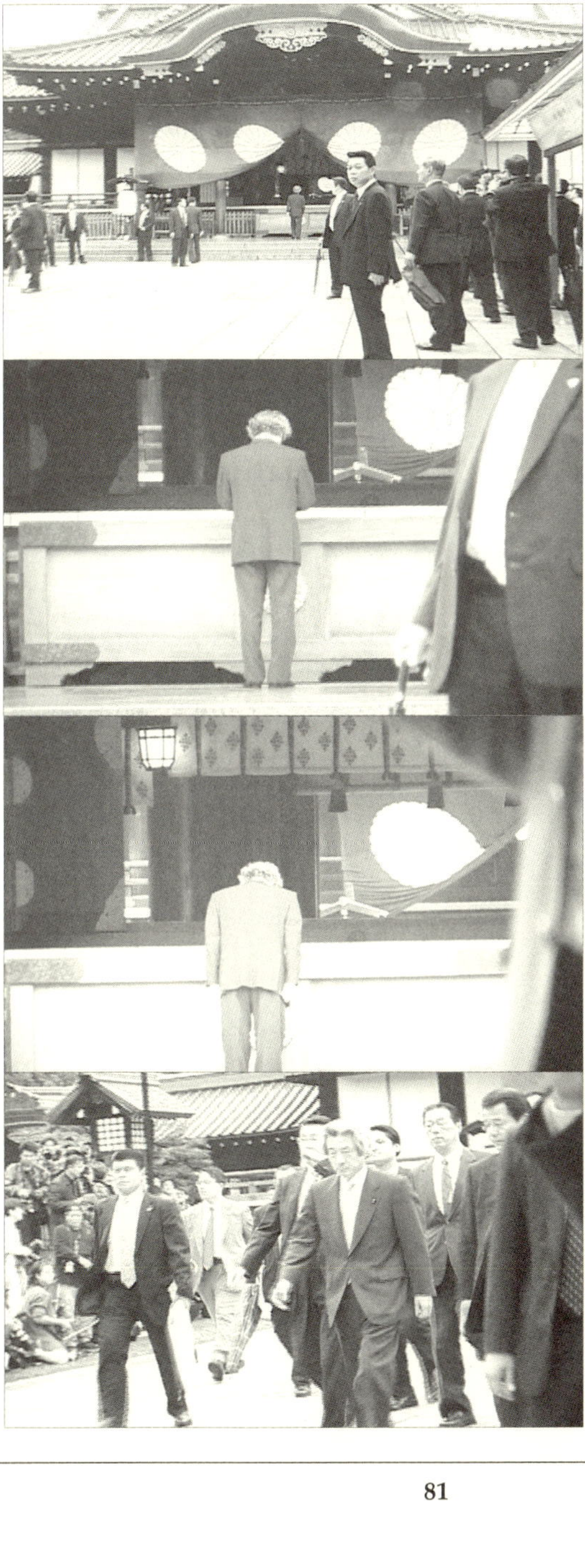

▲…二〇〇五年一〇月一七日。小泉「姑息」参拝。

拝殿

❖本殿❖

神さまがしずまっていらっしゃるところです。一八七二（明治五）年に建てられました。（「やすくに大百科」）

神体は、刀と鏡だそうです。

現在の規模の本殿が建設される前には仮殿があって、一八六九（明治二）年の第一回合祀祭などは、仮殿で行われていました。

拝殿同様、一九八八（昭和六三）年、靖国神社創立一二〇年にあたり「昭和大修築」の一環として、本殿修繕も行われました。

一八六九（明治二）年、靖国神社の名前はまだ、東京招魂社でした。

靖国神社は、東京招魂社として建てられたときから、神社の中で唯一、陸軍・海軍の組織の中にありました。

そのため、招魂社という名前を持ちながら、祭りを行う専門の神主が存在せず、陸軍省の人間が、出向して祭りを行っていました。

そこで、一八七九（明治一二）年、東京招魂社を靖国神社と名前を変更し、別格官幣社とすることにより、管理は、内務・陸軍・海軍の三省で行うが、官国幣社制度に準じて、宮司・禰宜《ねぎ》などを置き、従来、祭主は陸海軍の軍人が務めていたことも改め、祭典は、宮司が主催することになりました。

刀と鏡は、「御神体」とも「御霊代《みたましろ》」とも呼ばれ、霊璽簿をその鏡に映すことによって、祭神は従来から合祀されている靖国神と一つになり、刀は「神籬《ひもろぎ》」として地鎮祭などで立てられる榊などと同様に、ここに霊が宿るといわれています。

靖国神社の鏡については『靖国神社誌』（一九一二）に、「神鏡は製作者未詳なれども一八六八（明治元）年、旧江戸城大広間招魂祭の時、神籬に奉懸せし霊鏡」と書かれています。鏡を置く台は、鳳凰・双龍・菊花・桐葉を彫った黒檀製で後藤功祐という人が制作したものです。

▲…真ん中にあるのが「神鏡」です。

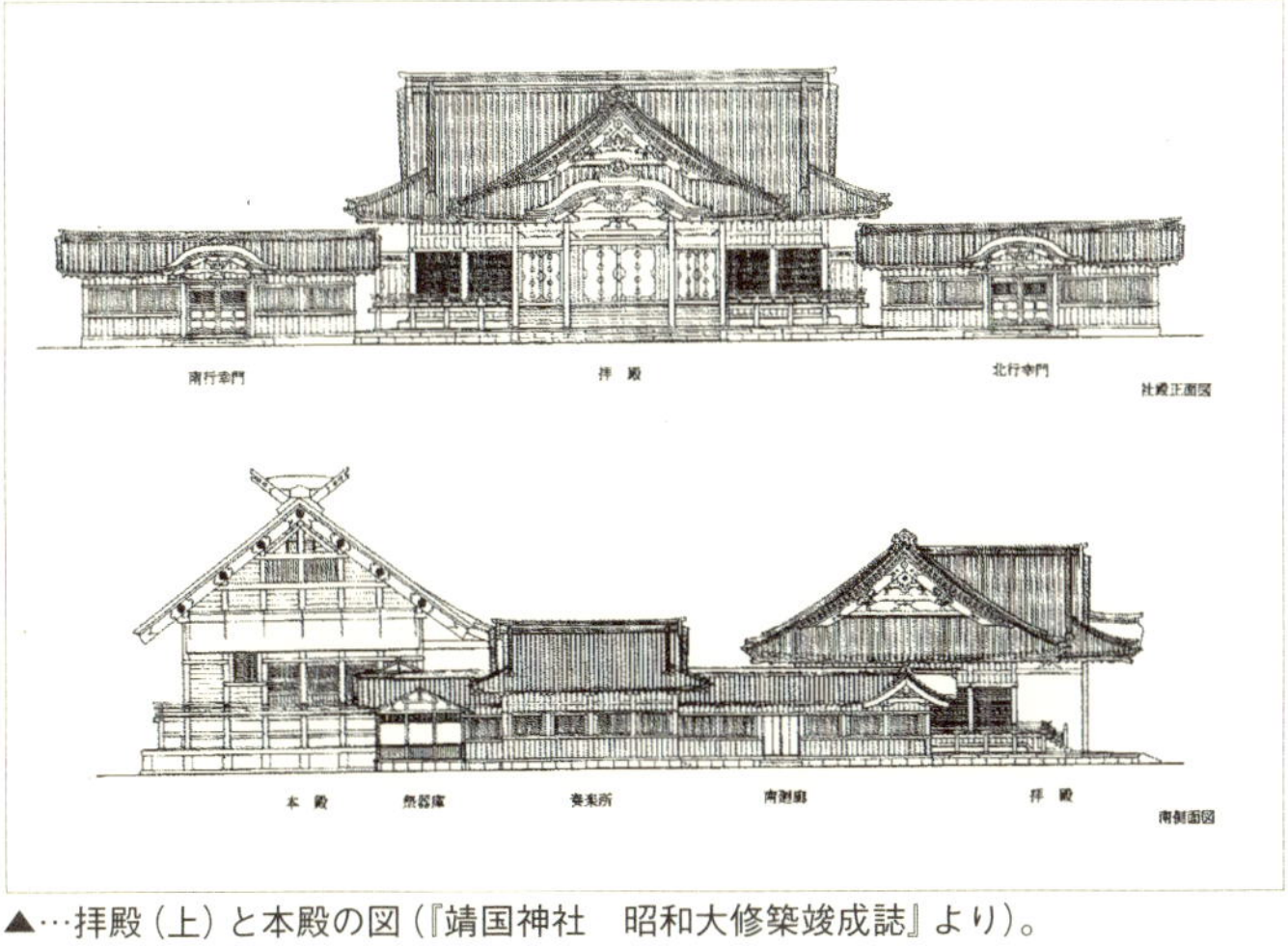

▲…拝殿（上）と本殿の図（『靖国神社　昭和大修築竣成誌』より）。

❖霊璽簿奉安殿❖

一九七二（昭和四七）年、靖国神社百年を記念して、本殿の後ろに建てられました。建物の中に神さまのお名前を記した霊璽簿という、和紙をとじたものが納められています。（「やすくに大百科」）

祭神の中には、生きていた英霊もいます。

鉄筋コンクリート造り。建坪約九三㎡。屋根は銅板。内部は檜作り。耐震・耐火・防湿設備を完備し、ここに、靖国神社では「霊璽簿」と言いますが、神の名前を書いた和綴じのノートを保管しています。

靖国神社では、祭神が増えるごとに、人数を公表しています。その人数の累計の中には、生きているのに、靖国神社の祭神にされてしまった人も含まれています。

「生きていた英霊」に関しては、在韓軍人軍属裁判原告らによる調査過程で、労働厚生省留守名簿で戦死・靖国神社合祀が判明しました。

二〇〇四（平成一六）年四月に靖国神社に合祀取消の申入れを行い、「『生存確認』の旨を記入致しました」という靖国神社からの回答を得ています。

霊璽簿は戸籍、祭神簿は住民票、祭人名票は住民データに相当するようですが、「合祀事務関係簿冊に訂正の旨注記」は、「祭神簿」「祭人名票」の「訂正注記」に止まり、「霊璽簿」からの、削除はなされていないようです。

二〇〇六（平成一八）年二月、同年八月、靖国神社に無断で親族を合祀されている、韓国・台湾人と日本人の遺族が、靖国神社を相手に「霊璽簿」「祭神簿」「祭神名票」などからの氏名の抹消を求める訴訟を起こしました。同時に、靖国神社に戦没者名や死没場所などの個人情報を通知した国に対しても、損害賠償を求めています。

東京の在韓原告の中には「生きていた英霊」も原告として参加しています。

霊璽簿などからの氏名抹消をめぐり靖国神社が被告となるのは初めてです。

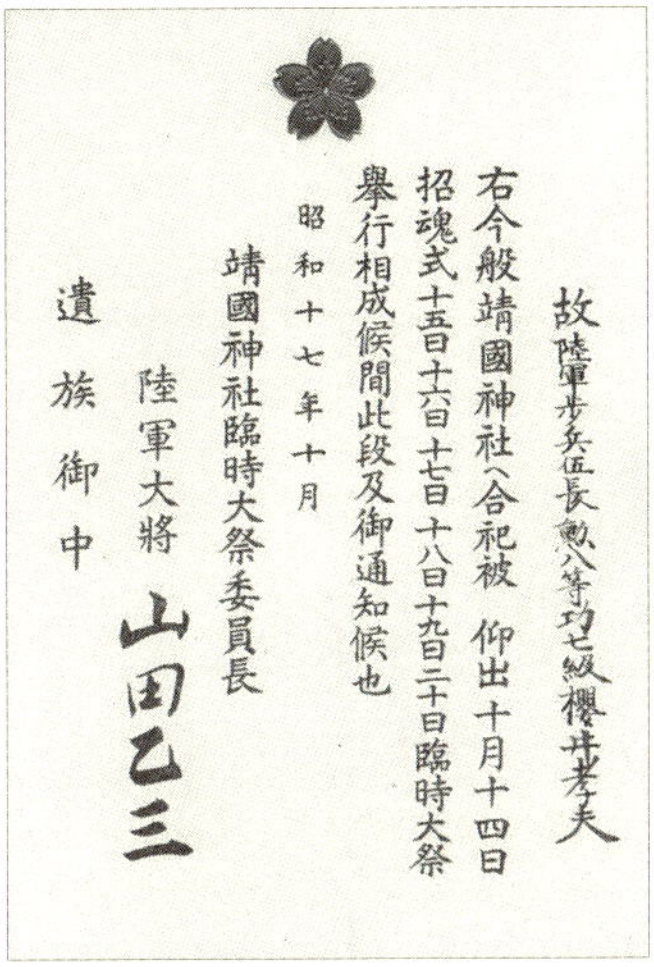
故陸軍歩兵伍長勲八等功七級櫻井孝夫
右今般靖國神社ヘ合祀被　仰出十月十四日
招魂式十五日十六日十七日十八日十九日二十日臨時大祭
擧行相成候間此段及御通知候也
昭和十七年十月
靖國神社臨時大祭委員長
陸軍大将　山田乙三
遺族御中

▲…合祀通知のはがき。

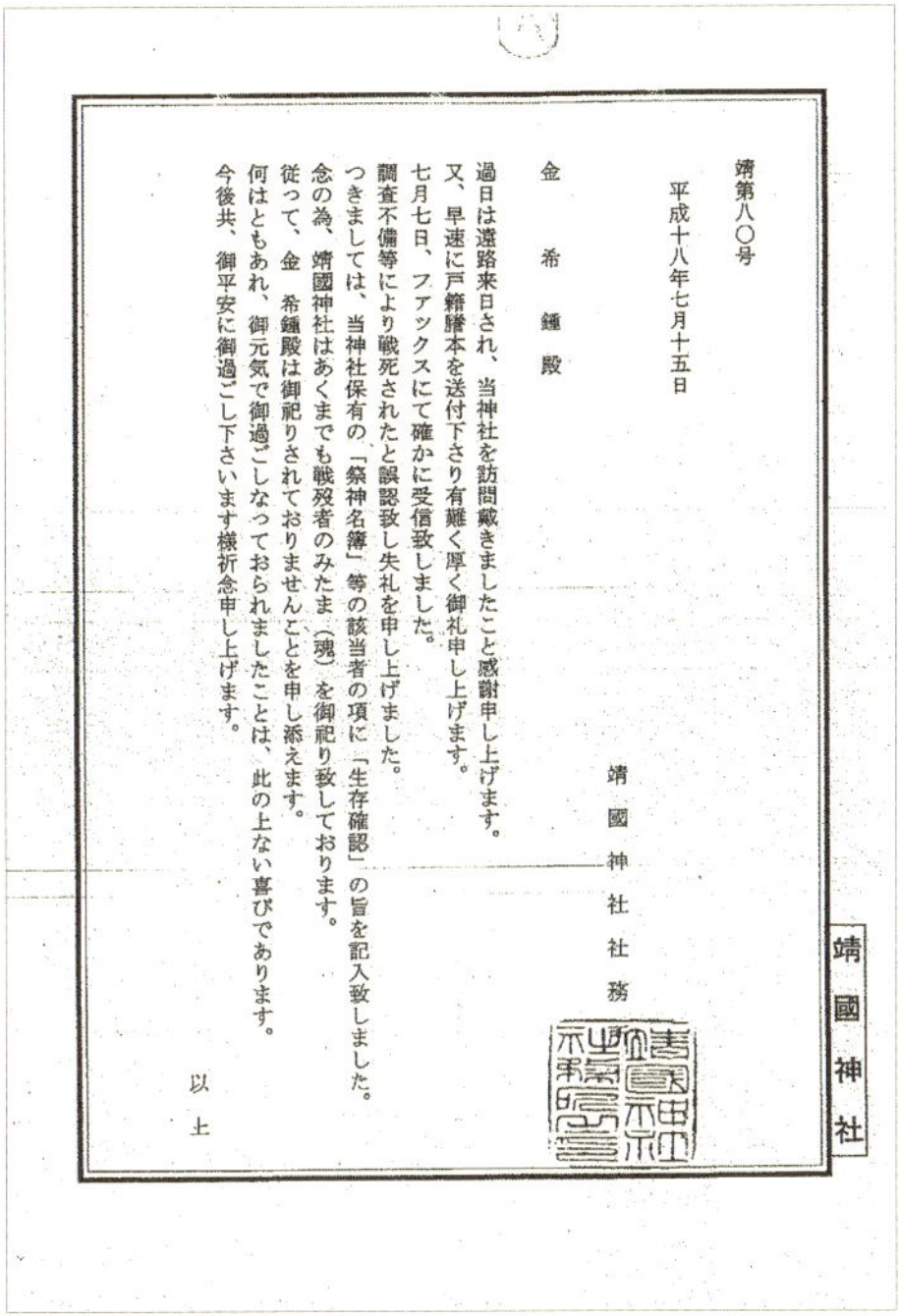
靖第八〇号
平成十八年七月十五日
金　希　鍾　殿
靖國神社社務
過日は遠路来日され、当神社を訪問戴きましたこと感謝申し上げます。
又、早速に戸籍謄本を送付下さり有難く厚く御礼申し上げます。
七月七日、ファックスにて確かに受信致しました。
調査不備等により戦死されたと誤認致し失礼を申し上げました。
つきましては、当神社保有の「祭神名簿」等の該当者の項に「生存確認」の旨を記入致しました。
念の為、靖國神社はあくまでも戦歿者のみたま（魂）を御祀り致しております。
従って、金　希鍾殿は御祀りされておりませんことを申し添えます。
何はともあれ、御元気で御過ごしなっておられましたことは、此の上ない喜びであります。
今後共、御平安に御過ごし下さいます様祈念申し上げます。
以上

▲…「生きていた英霊」に対する靖国神社の回答。

▲…2007 年 2 月 28 日、「霊璽簿など抹消請求」を東京地裁に提訴した「生きていた英霊」金希鍾（キム・ヒジョン）さん（中央）。

❖参集所❖

神社に左派思想が入りこんでいると、ヤスクニ愛しています派の方が言っています。

一九九九（平成一一）年より、創立一三〇年記念事業を計画しましたが、募金目標金額五〇億円の予算で最終的には募金が目標額に達せず、四〇億円で次の事業を行いました。

1．祭神名票のコンピューター入力による永久保存管理体制の確立。

2．遊就館改修及び新館新築

3．祭儀所・参集所等参拝者接遇施設の改修

二〇〇四（平成一六）年に、地下一階・地上二階。延べ面積三四八七㎡、高さ一六m、銅板葺き屋根の参集所が完成して、事業は完了しました。

ところが、参集殿建設について、大変な騒動が持ち上がりました。

一九五五（昭和三〇）年に建てられた参集所の老朽化に伴い新築し、参集殿と名称を変更しています。（社報「靖国」）

『文藝春秋』二〇〇四年一〇月号などで、ヤスクニ愛しています派から糾弾の声が挙がったのです。いわく、

1．屋上の鬼瓦の所に付けるべき「十六弁菊花御紋章」を外して、なんと「靖国神社の社紋」と取り替えたのである。旧参集所の菊花御紋章を、靖国神社現執行部は、参集所解体と共に、捨て去った。

2．新参集殿は初の二階建てで、上階は参拝者の控え部屋になる。その窓が本殿より高いのだ。神様を見下ろす神社など聞いたことがない。

3．最初の参集所設計図を破棄して、現執行部が「闇の中で設計を、神社本庁内に事務所を構える会社。

4．施工業者は、靖国神社とは縁もゆかりもない、神社本庁出入りの建設会社にやらせた。など

設計の様々な所に従来の「靖國神社」を否定する「造り」が表現されているようです。

▲…旧参集所。

「やすくにの祈り」ともに未来へ

御創立百三十年記念事業

参集所銅板瓦ご奉納のお願い

靖國神社におきましては、平成十一年の御創立百三十年を機に記念事業を行い、崇敬者各位にご奉賛をお願い申し上げてまいりました。

お蔭をもちまして、第一の事業「御祭神名簿のコンピュータ化による永久保存管理体制の確立」、第二の事業「遊就館改修及び新館新築」は滞りなく完了いたしました。洵に有難く、ご奉賛賜りました崇敬者各位に厚く御礼申し上げます。

いよいよ、平成十五年秋には最後の事業となります「祭儀所・参集所等参拝者接遇施設の改修」を着工させていただきます。

つきましては、この祭儀所・参集所の屋根に使用する五万枚の銅板瓦を、本殿・神門改修の際と同様に崇敬者の皆様にご奉納いただきたく、お願い申し上げることとなりました。

尚、銅板一枚毎にご住所・ご芳名を記入するため、奉納枚数が申込先着五万枚の限定となりますので、既に十三万人を超える崇敬者各位より多額のご奉賛を賜り洵に恐縮ながら、あらためて銅板瓦奉納金として、一口二千円にてご奉納いただきたく存じます。

皆様には何卒、ご理解賜りまして格別のご奉納を賜りますよう謹んでお願い申し上げます。

靖國神社宮司　湯澤　貞

靖國神社崇敬奉賛会会長　久松定成

（参集所竣工予想図）

▲…現参集所建設募金のための銅板瓦奉納を呼びかけるチラシ。

❖「日の丸」掲揚台❖

「紀元二六四九年一月一日」に建てられました。

一九八九（昭和六四）年一月八日には、建てられていました。

年号の数え方は、西暦・イスラム暦・仏暦・各国独自の年号など、いろいろあります。

日本では、西暦と元号が一般的に使われています。

靖国神社境内のモニュメントの多くは、元号が使われていて、右翼でも一部の人が使う、皇紀という年号は使われていません。

この台に記銘されている紀元二六四九年一月一日は、西暦一九八九年・昭和六四年です。そうです、一月七日に昭和天皇が死んだので、八日からは、平成と年号が変わっています。

ポールはステンレス製ですが、台座の上は盾をかたどった青銅鋳物で囲まれています。青銅鋳物は、神社創立一二〇年の本殿修築で取り除かれた銅屋根材で作られています。

「日の丸」掲揚台が計画された頃は、昭和天皇の容態が悪化し一九八八（昭和六三）年九月頃から、マスコミでは、いわゆる「下血報道」が毎日行われ、昭和六四年はないのではないかという予想もされた時でした。

青銅鋳物は、一日ではできません。もしかして、掲揚台を作る前に天皇が死んで元号が変わったら、年号を作り変えなくてはならないので、「昭和」という元号を使わずに、「紀元」を使ったようです。

昭和天皇の死亡を、マスコミは「天皇死亡の記者会見」（午前七時五五分）から、各局ともＣＭを流すのを中止し、歌番組、ドラマ、クイズ番組もすべて、放送が取りやめになりました。

各局がそろって、このような放送を中止するのは、テレビ放送開始以来、初めてのことでした。

【紀元・金鵄勲章】

初代天皇は、神武天皇といわれています。神武天皇が即位した日を太陽暦に換算すると、その日が二月一一日で、戦前は「紀元節」と呼ばれる祭日でした。

一九六七（昭和四二）年、「建国記念の日」という国民の祝日として復古しました。

紀元節は、神武天皇がこの日に即位したのは、史実であるとした「日」でしたが、「記念の日」は、史実に基づくのではなく、いつかは、建国されたであろうことを記念するという考えによって名付けられています。

「神武天皇の東征伝承」という絵が「新しい歴史教科書」に載っています。「東征」の出陣の時に金色に輝く「とび」が飛んできて弓の上にとまったという神話です。

この神話を基に、軍人として最高の栄誉勲章である「金鵄勲章」という名称が生まれました。

ところで、神武天皇の母親、玉依姫命（たまよりひめのみこと）はサメが変身した人と伝えられています。【☞遊就館特別陳列室、141ページ】

▲…「名誉の金鵄かがやかし」（「愛国カルタ」）。

❖元宮❖

京都の同志たちが幕府にかくれてひそかに建てた小祠（神を祀る小さな社）です。靖国神社に寄付され、最初の元をなす神社として、「元宮」と呼んでいます。（「やすくに大百科」）

建物が元なのか、思想が元なのか。

一八二三（文政六）年、京都東山に神葬祭を行う施設として霊明舎が作られ、幕末になるとその霊明舎に京都で横死した尊王・攘夷派の戦没者たちが葬られるようになりました。

一八六二年（文久二）年、国学者福羽美静らによって、この霊明舎で招魂祭が行われます。

一八六三（文久三）年、福羽美静が八坂神社に小祠を立て、招魂祭を行います。この時、祀られたのは桜田門事件や坂下門事件などで倒れた倒幕派の戦没者です。

幕府の嫌疑を恐れた福羽は、この小祠を取りこわし、自宅に移しています。福羽美静の子孫が、靖国神社に寄付した小祠が元宮です。

霊明舎はその後、招魂社の鎮座地に選ばれ、霊山官祭招魂社と呼ばれます。一九三九（昭和一四）年、招魂社を、府県社待遇とする指定護国神社制度が出来たことに伴い、京都霊山護国神社と社名を改めます。

福羽美静という人は、「大化の改新に戻ったのでは生ぬるい。神武にまで遡及しろ」と主張した津和野神道という考え方の最強硬派でした。

一八七一（明治四）年、神祇官が神祇省に格上げされた際にも、「神祇省の基本的方針」の「天照は高天原を主宰」し、「天地造化を掌し」、「今上天皇の遠祖神」故に、

「今上天皇は現ツ神」であるという国家神道の理論確立に関わっています。

　本来の「元宮」というのは、京都霊山護国神社の方が近いと思いますが、福羽美静の津和野神道理論を受け継いでいるとの意味で、「元宮」と称しているようです。

▲…元宮、鎮霊社（☞次ページ）の入り口。

▲…元宮と鎮霊社はこの柵の向こう。看板には「元宮・鎮霊社ご参拝の方は拝殿前にお回り下さい。靖国神社社務所」とあります。

❖鎮霊社❖

靖国神社本殿に祀られていない方々の御霊と、世界各国すべての戦死者や戦争で亡くなられた方々の霊が祀られています。
（「やすくに大百科」）

鎮霊社には鳥居がありません。鎮霊社は隠したい。

「靖国神社の場合には、明治国家をつくった官軍の戦死者ばかり祀られていると皆さん思っていますが、本殿の脇に鎮霊社があり、白虎隊、西郷隆盛とかの霊は、その鎮霊社でお祀りされています。そのことが意外に知られていません（産経新聞社正論調査室次長　奥村茂）」。

このように書かれていましたが、知られていませんどころか、「御社殿全体を防護する鉄柵の内側にあり、参拝者は受付にお申し出戴くか、鉄柵の外側からお参りして」という状態で、そもそも見つけにくい場所に置かれていました。二〇〇六（平成一八）年一〇月一二日になって、やっと拝殿脇に入り口が設けられ、身近に見学できるようになりました。

鳥居は、神社では、神域と人間が住む俗界を区分けする境を示します。招魂斎庭跡地にさえ、建てられていますが、鎮霊社には鳥居がありません。どうも靖国神社としては、大切にしたくない建物のようです。

鎮霊社は一八五三（嘉永六）年以降に、世界中で戦争のために殺された人、殺した人、殺させた人すべてを神として祀る「宮」です。

ヒトラーも、ヒトラーの命令でアウシュビッツなどの強制収容所で殺されたユダヤ人の人々も、この「お宮」では、一緒に神になっていることになります。

靖国神社では、鎮霊社の神は、慰められる対象ですが、本殿の神は慰め祀られ、かつ顕彰の対象です、と言っています。

東条英機などA級戦犯は、靖国神になる前は、ここに祀られていたと考えられますが、本殿の神となって、初めて、その戦争犯罪が業績として顕彰されるということになります。

【鎮靈社に関する靖國神社「宮司通達」】

鎮靈社は、靖國神社の本旨とも言へる、明治天皇の聖旨＝我國の爲をつくせる人々の名もむさし野にとむる玉垣＝とは異なる御社であることを、先づ以つて認識せねばならない。

又、『靖國神社社憲』の前文に、「本神社は、明治天皇の思召に基き、嘉永六年以降、國事に殉ぜられたる人々を奉斎し、永くその祭祀を齋行して、その『みたま』を奉慰し、その御名を萬代に顯彰するため、明治二年六月二十九日、創立せられた神社である」とあり、次に、『宗教法人靖國神社規則』の第一章總則の第三條には、「本法人は、明治天皇の宣らせ給うた『安國』の聖旨に基き、國事に殉ぜられた人々を奉齋し、神道の祭祀を行ひ、その神德をひろめ、本神社を信奉する祭神の遺族その他の崇敬者を教化育成し、社會の福祉に寄與し、その他本神社の目的を達成するための業務及び事業を行ふことを目的とする」とある。我々奉職者一同は、この『靖國神社社憲』及び『宗教法人靖國神社規則』に則り、職務を遂行せねばならぬことは、言ふまでもない。又、鎮靈社を現在の場所より移築したり、圍りの鐵柵を取りはずす等、鎮座當時と同樣に、參詣者が自由に參拜出來るようにすることは、千鳥ケ淵戰歿者墓苑に見られる通り、一部の政黨や所謂博愛主義者によつて、英靈祭祀二分化に繋がると、大いに懸念されるところである。よつて、小職は、昭和四十年鎮靈社鎮座以來、今日まで嚴肅に奉仕されてきた祭祀に鑑み、鎮靈社を今後共、現状のまま、密かに奉齋續けることを見解とする。

二〇〇三（平成五）年六月一日

大野俊康靖國神社宮司『宮司通達』

❖北関大捷碑❖

鎮霊社の左側に置かれていましたが、今は、ありません。

「返還」なのか「引渡し」なのか。

一九〇七（明治四〇）年、三好成行中将が、日露戦争の戦利品として持ち帰り、振天府（皇居内に設けられた戦利品陳列所）に献上された後、靖国神社に置かれました。

二〇〇五（平成一七）年、韓国へ返還され、韓国で展示された後、韓国より北朝鮮に引渡され、現在は北朝鮮の国宝遺跡第一九三に指定され、「建立の地」咸境北道金策市臨溟里に復元されています。

「北関」というのは、朝鮮の地方の名前で、日本で言うと「東北地方」のような意味です。約四〇〇年前、豊臣秀吉が朝鮮を侵略し、さらに、中国を侵略するために、朝鮮に大勢の軍隊を送りました。この戦争を日本では、「文禄の役」、朝鮮では「壬辰倭乱」と言います。

その時、日本の軍隊の加藤清正軍を撃退した、朝鮮の将軍の鄭文孚《チョン・ムンブ》将軍の戦いを褒め称えた文章を石に刻んだ記念碑です。

戦利品であり、日本が朝鮮から奪ったものにも関わらず、靖国神社は、国から預かって保管していた碑を「引き渡す」との立場を、一貫してとりました。

これは、「建設者の子孫に諮りて其承諾を得今回還送し来りたるものに有」（加藤清正・征韓記念碑下付出願の件）と書かれてあるから戦利品・略奪品ではないとの立場をとっているからです。

社頭にある「獅子石」同様、朝鮮半島や中国から略奪された美術品などが、数多く日本の闇の中に存在することも、忘れてはならないと思います。

拝殿脇に入り口が設けられ、「元宮」などが身近に見学できるようになったのは、略奪した北関大捷碑が、「返還」されたこともあると思います。

▲…日本から返還、修復された北関大捷碑。

▲…もともとは鎮霊社（☞ 92 ページ）の左側の空き地部分にありました。

遺族が増えすぎて、合祀祭に参列しきれなくなったため、「旧」になりました。

❖旧招魂斎庭跡❖

鳥居が建つまでは、単なる空き地でした。

二〇〇六（平成一八）年三月中門鳥居建替えに伴い、旧中門鳥居材を用いて、招魂斎庭の鳥居と共に、鳥居が新築されました。

それ以前は、玉石が敷かれてあるだけで、何の跡か、まったく判らない状態でした。

現在も、案内板も立てられていませんし、「やすくに大百科」にも記載はありません。鳥居の奥に注連縄が張られ、玉石が敷かれている箇所が、旧招魂斎庭跡です【☞移転先、104ページ】。

❖南門手水盤❖

関東大震災では外苑も広域避難場所になりました。

手水盤は関東大震災を記念して寄付されたものです。第二鳥居近くの燈籠も、関東大震災を記念して寄付されています。

▶…第二鳥居近くの燈籠。

▲…関東大震災直後の靖国神社境内。

❖南門狛犬❖

ブロンズ製。二〇〇一（平成一一）年に、在日中国人の馮錦華という人が、石の台座に、首相の靖国神社参拝に抗議するため、それぞれ「死」「ね」とカラースプレーで吹き付け、器物損壊罪で逮捕・起訴されて有名になりました。

中国・台湾が領有権を主張している尖閣諸島の魚釣島（沖縄県石垣市）に中国人活動家七人が上陸した問題で、沖縄県警は入管難民法違反の現行犯で七人を逮捕した中に、馮錦華がいたのですが、執行猶予中の逮捕なのに、不法入国の罪だけで強制送還されるのはおかしいと、右翼が一斉に騒ぎました。

馮錦華の人物像「右翼版」＝執行猶予の身でありながら不法に上陸した馮錦華。支那人右翼活動家七人のリーダー格、職業右翼活動家。

馮錦華の人物像「中国版」＝著名愛国人士、愛国留学青年、釣魚島防衛の志願者。

後日談があります。

二〇〇三（平成一五）年、東京地裁は、馮錦華に懲役一〇年、執行猶予三年の判決を言い渡した。

ところが、二〇〇四（平成一六）年三月二四日、日本・

❖築地塀❖

五本の白色の横筋があります。

塀に五本線が入っています。これは、定規筋といい、御所、門跡寺院、忠臣蔵で有名な吉良上野介など高家の家の塀につけられた筋で五線が最上です。

門跡寺院の起源は、宇多法皇が仁和寺に入室したことに始まるとされています。今日、門跡寺院と称するのは、皇族や摂関家等の子供が、出家して寺院を継いだ特定の寺院を指すようになりました。

❖憲兵隊の碑❖

憲兵隊とは、兵隊の警官のことです。一九四五（昭和二〇）年までは憲兵隊が靖国神社の警備をしていたこともあって、この碑が作られました。
（『ようこそ靖国神社へ』）

地震・雷・火事・おやじ。

戦争中は「地震・憲兵・火事・巡査」と言われたりしました。アジア・太平洋戦争で日本が負けて、軍隊が無くなるまでは、神社の中でも靖国神社だけは、陸軍と海軍が管理し、憲兵隊が警護していたことからこの記念碑が建立されました。

シンガポールでは、アジア・太平洋戦争終結五〇周年にあたる一九九五（平成七）年、一一基の戦跡記念碑が建てられました。

記念碑はシンガポールで起こった出来事を忘れず後世に伝えるために、「許そう、しかし忘れまい」のかけ声のもと、シンガポール政府によって建てられました。

記念碑に、シンガポールの公用語と、日本語の五ヵ国語によって説明文が刻まれています。

「大検証（粛清）」検問場

「ここは憲兵隊がいわゆる『華僑抗日分子』の選別を行った臨時の検問場の一つである。一九四二年二月一八日、憲兵隊による『大検証』が始まった。一八歳から五〇歳までのすべての華人男性は、取り調べと身元確認のため、これらの臨時検問場に出頭するよう命じられた。幸運な者は顔や腕、あるいは衣類に『検』の文字を押印されたのち解放されたが、不幸な人々はシンガポールの辺鄙な場所に連行され処刑された。犠牲者は数万人と推定される。」

憲兵隊東支部

「かつてここにあった旧YMCAビルに憲兵隊東支部が置かれた。憲兵隊による『粛清』行動のなか、抗日活動の嫌疑を受けた大勢の華人が生命を落とした。抗日容疑者たちは取り調べで拷問を受け、その悲鳴がビル周辺の静寂を破ることもしばしばであった。」

▲…シンガポールの検問場跡に作られた記念碑。

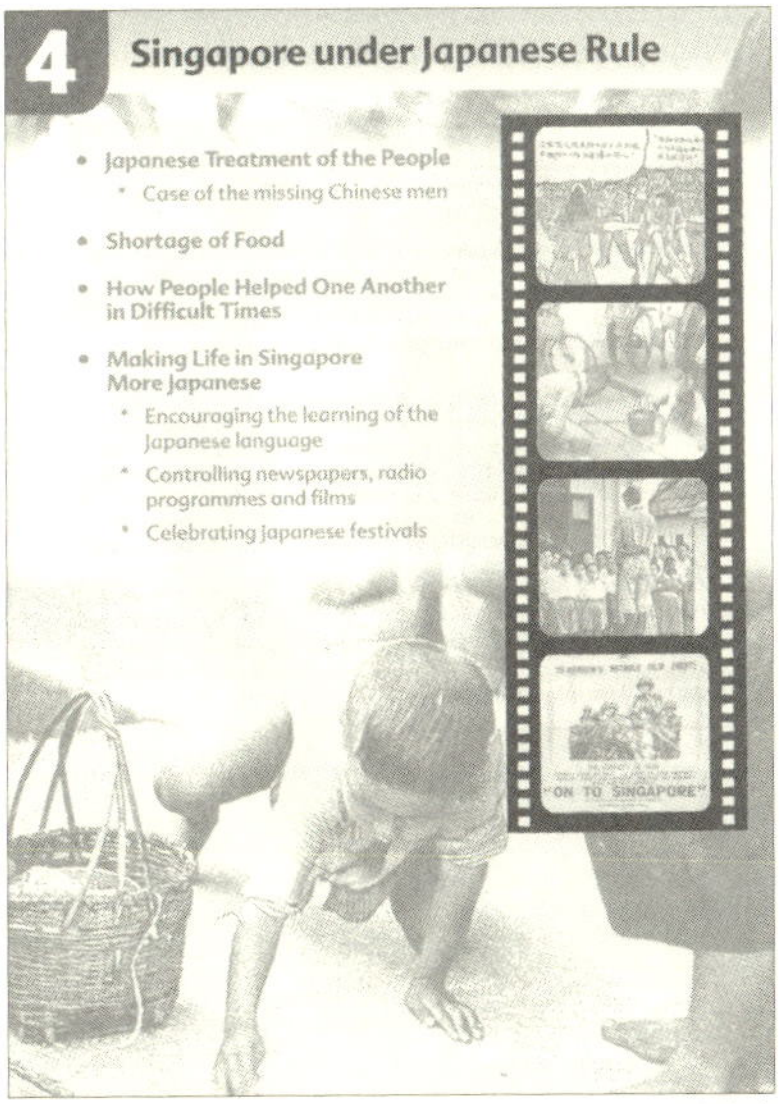

▲…日本軍政下を扱ったシンガポールの副読本。

❖軍人勅諭の碑❖

いろいろな事情で、この碑が有志によって神社に寄付されたのは、一九七五（昭和五〇）年です。
（『ようこそ靖国神社へ』）

いろいろな事情。

一九一〇年代、後藤新平が石工に依頼したものの、昭和金融大恐慌などの不況もあって、石材店に眠ったままになっていたものを、一九七五年になって、有志で寄付したものです。

材質は仙台石。高さ二m、幅一m。

正式な名称は「陸海軍軍人に賜はりたる勅諭」。

一　軍人は忠節を尽くすを本分とすべし……

一　軍人は礼儀を正しくすべし……

一　軍人は武勇を尚《とうと》ぶべし……

一　軍人は信義を重んずべし……

一　軍人は質素を旨とすべし……

一九四五（昭和二〇）年の敗戦まで、「軍人勅諭」と、「教育勅語」は、天皇の国家の考え方を示す二つの大きな柱でした。

▲…独特の書体で読みにくい碑文です。

❖相撲場❖

一八六九（明治二）年、大相撲がここで奉納されて以来、一時期をのぞいて毎年、春の例大祭には、横綱をはじめ全力士が奉納相撲をくりひろげます。一万人が無料で見物できます。

（「やすくに大百科」）

▲…土俵入り口にある「国技像」。

二〇〇五年、奉納プロレスが境内相撲場特設リングで四五年ぶりに開催されました。

靖国神社では「御祭神には、多くのスポーツ選手でいらした方々がおられます。昨今のような世情の中、このように賑々しく行われる奉納プロレスを、お喜びで御覧になられることかと拝察致します」との考えで、プロレス興行を許可しているそうです。

二〇〇五年には、レスラーが、そろって本殿前の中庭にて奉告参拝し、神職により特設リングが清められ試合が始まりました。

この時は、「橋本（首相ではなく真也）の靖国神社参拝に抗議するため」とか「靖国プロレス開催反対」と叫んで、三人組が乱入する出来レースもありました。二〇〇六年四月の試合は、神社から流血ＯＫをもらった流血試合になりました。

▲…「ちから祭り」のビラ。

❖招魂斎庭❖

神聖な招魂斎庭を駐車場にしたと怒っていた「戦友」がいました。

「魂を招いて、わたす庭」です。靖国神社の神としようとする人の名前を書いたノート（霊璽簿）を、仮に建てたテントの中に置き、「招魂祭」という儀式をして、死んだ人の魂を招いて神社の神として祀ります【☞遊就館展示室9、154ページ】。

▲…招魂斎庭は駐車場として貸し出されています。

▲…臨時大祭時の招魂斎庭。

▲…1950年代の招魂斎庭。

◀▼…「御羽車」を迎える遺族。

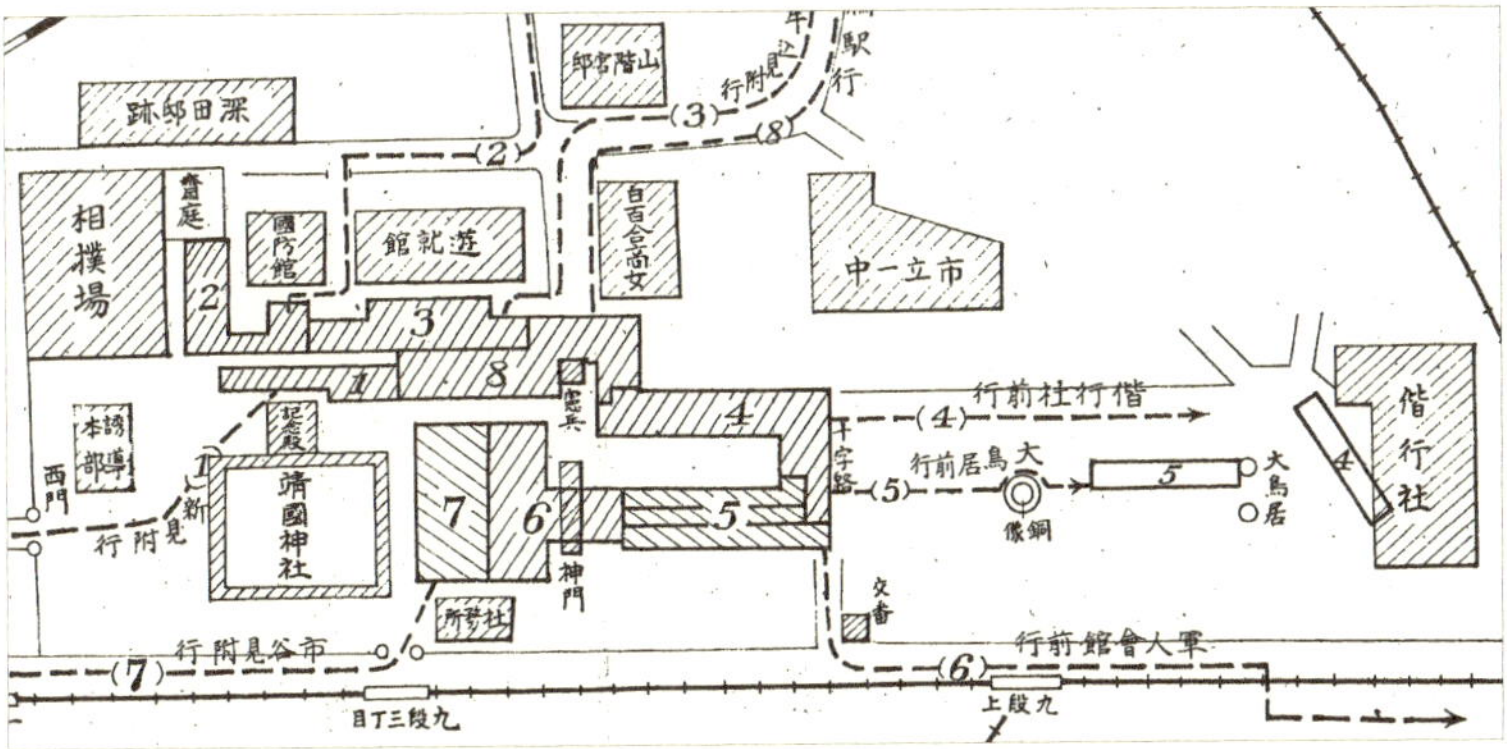

▲…「招魂式参列遺族解散要領」（部分）。数字の付いた斜線部分が遺族の参列位置。

❖ロウソクの神学❖

　靖国神社では祭神を合祀すると言われています。合祀とはなにか。ロウソクを使って説明したいと思います。

　子供の頃、私は、富士山や那智の滝が〝ご神体〟だといわれて、山や滝までもが神なのだと思っていたのですが、そうではなく、山や滝にも神が宿る。そして宿るものを〝ご神体〟というのだということが判ってきました。神道では神は、神籠《かむろぎ》あるいは依代《よりしろ》に宿るとされています。靖国神社で〝御神体〟と呼ばれるものは鏡及び剣です。

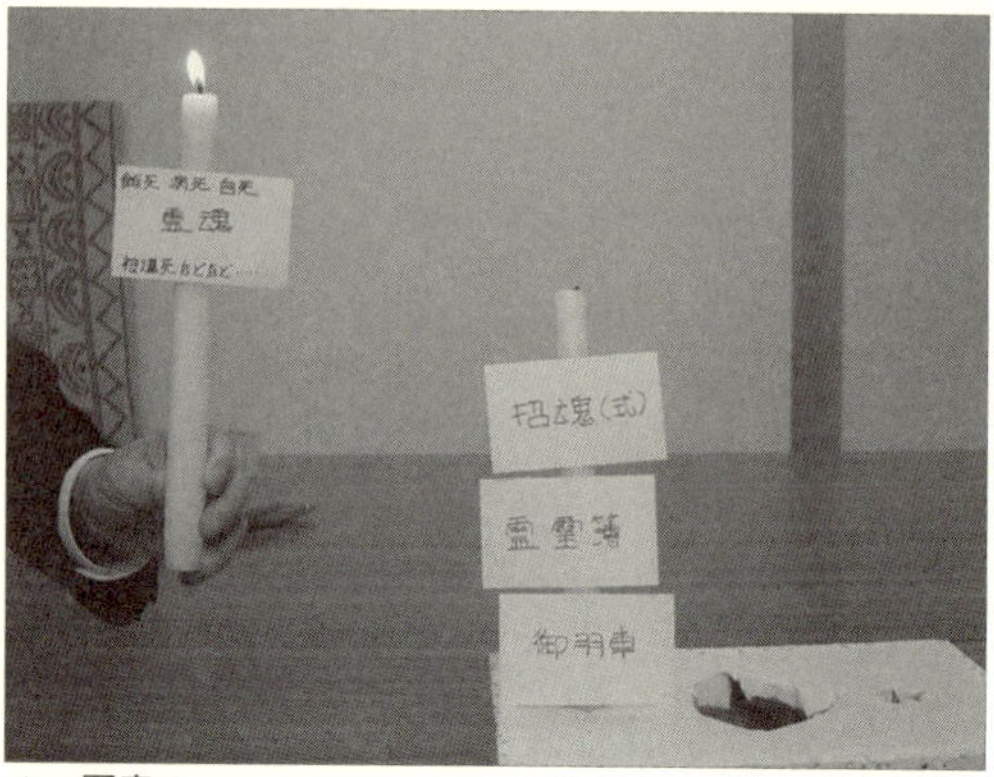

▲…写真１

　ロウソクを靖国神社の〝御神体〟、炎を〝靖国神〟と言われる霊魂の集合体と考えてください（写真１）。

　靖国神社には○○命と祭神の名前が記された〝霊璽簿〟（副霊璽）という名簿があります。このロウソク（写真1右）を霊璽簿と考えてください。ここでは霊璽簿が各個人の神籠になります。

　この〝霊璽簿〟と呼ばれるものを〝招魂斎庭〟に設置された祭壇に置いて、「魂よココに宿ってください」と祝詞を挙げます。これが招魂式です（写真２）。

　この霊璽簿を〝御羽車〟という神輿の原型のようなものに乗せて、暗闇の中を静静と本殿に運びます。本殿に運び込まれた〝霊璽簿〟に対して、ここで再び「魂よ御神体に移ってください」という祝詞を挙げて〝霊璽簿〟から〝御神体〟に移ってもらうわけです。これが合祀祭です（写真３）。〝霊璽簿〟から〝御神体〟に移った段階で、

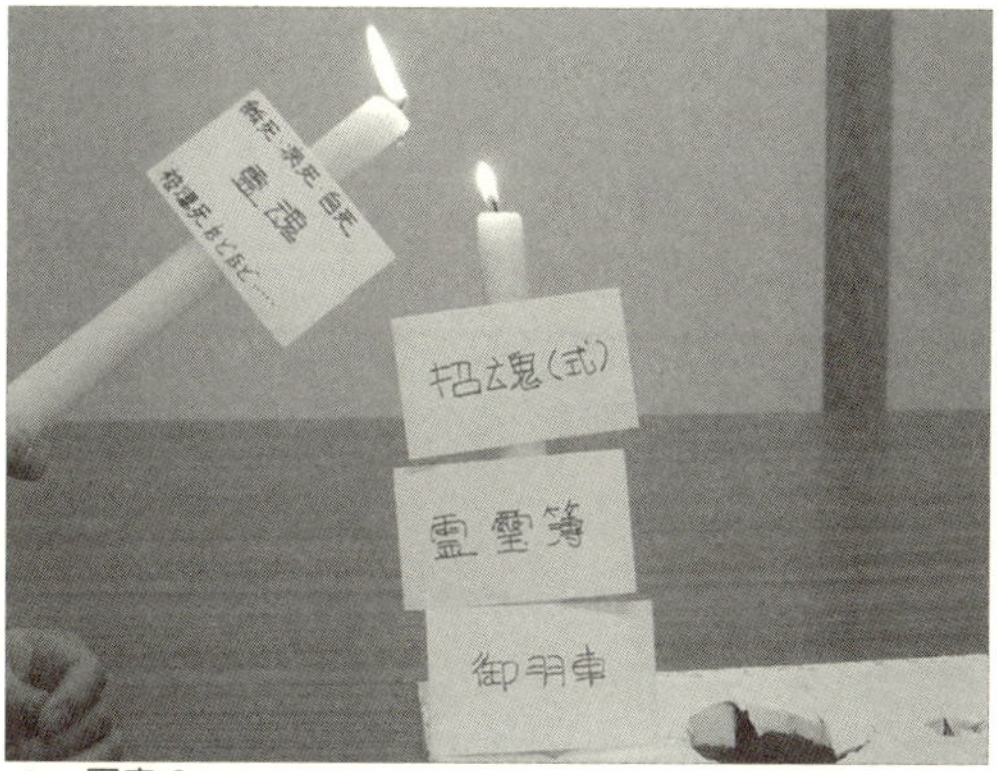

▲…写真２

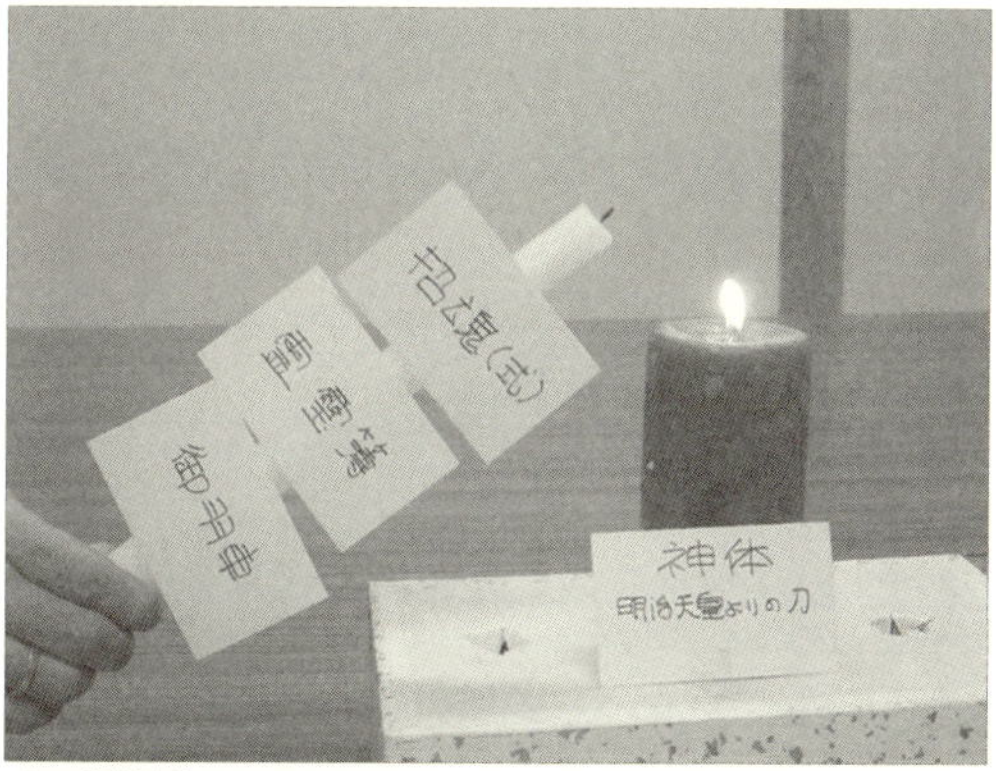

▲…写真３

▲…写真４

各々の祭神は個人の祭神ではなく〝靖国（の）神〟となり、個人の神から国家の神へ変わるわけです。

魂が抜かれた〝霊璽簿〟は、単なる〝霊璽簿〟として、霊璽簿奉安殿に安置されます（写真４）。

1．ところで、小野田寛郎さんのように「生きていた英霊」はどうなるのかというと、招魂式の段階でまだ魂になっていないのですから、「魂よ霊璽簿に移ってください」と祝詞を挙げても、移っていない（写真５）。魂になっていないわけですから、霊璽簿から名前を抹消すればよいと神社側はいっています。靖国神社は一度、神として祀ったものは「何人も消すことが出来ない」といいますし、A級戦犯分祀論に対して、靖国神社は不可能であるといっています。これは〝御神体〟ロウソクから、火を分けても、〝御神体〟ロウソクの炎の中にはA

級戦犯は靖国神として、消えない・消せないからだと言っているのです。
　2．一九四五年一一月一九日靖国神社では、臨時大招魂祭が行われて、「大東亜戦争並びに支那・満州事変に関し、戦死戦傷死し又は戦地事変地等における傷痍疾病等に起因し、一九四五年九月二日までに死没せる軍人軍属にして、靖国神社に未合祀の者」を氏名不詳のまま一括合祀したわけです。その後、逐次追加して現在は「一九五七年九月三〇日迄の間に死没せる軍人・軍属において、靖国神社に未合祀の者の霊璽を、本殿内左側相殿に奉斎する」としています。戦前は、魂を招魂し、祭神と合祀することが同じ日に行われていたわけなので招魂式＝合祀祭だったのですが、戦後は、すでに魂を招いてしまっているので、「霊璽簿奉安祭」という名称で、本殿内左側相殿に祀られている魂のなかから氏名が判明した祭神を本殿の真正面、神道では「正中《せいちゅう》」と呼びますが、そこの〝御神体〟に移ってもらう儀式に変わっていきます（写真6）。

▲…写真５

　一九五九年一〇月に、氏名が判っている祭神の招魂式が行われています。北白川能久・永久の招魂式です。一君万民・下は二等兵から大将まで総て平等に祭神になっていると言われる靖国神社ですが、戦前は、臣下のみ合祀し、皇族は合祀せず別に神社を創健したわけです。と

▲…写真６

ころが、北白川能久・永久合祀を合祀していた台湾及び蒙疆の神社が敗戦によりすべて消滅したため、彼らを祀っていた神社が無くなってしまったわけです。この北白川の合祀で、靖国神社の祭神の性格はまた変わりました（写真７）。炎は一つ、鏡一つですが、そこにはロウソクが二本存在するというような考え方をするみたいです（写真８）。神の座は二つになったのです。靖国神社では、この時から皇族とその他は別の座布団に座って、食事が出されるのです。二百数十万臣下の祭神を一座、二人皇族の神座を一座として神座を二座とすることで、靖国神社における祭神間の差別・区別（特祀・公務死）がココに歴然と現われています。

▲…写真７

▲…写真８

❖靖国会館❖

一階に、無料休憩所と図書館「靖国偕行文庫」があります。

戦前は、「国防館」という名称でした。一九三四（昭和九年）年、遊就館付属国防会館として開館。戦前は、近代戦ジオラマや爆撃機シミュレータが公開されていました。

　一九四五（昭和二〇）年一二月神道指令が出され、一九四六（昭和二一）年九月宗教法人靖国神社設立登記と時を同じくして、靖国会館と改称しました。一九六一（昭和三六）年から靖国会館二階を「宝物遺品館」とし、遺品などの陳列展示を実施していましたが、一九八六（昭和六一）年に新装となった遊就館に展示品が移されました。

　一階にある「靖国偕行文庫」は、靖国神社創建一三〇年を記念して改修され、開館しました。

　基本図書は、財団法人偕行社から寄付された図書と靖国神社で保管されていた約七万六千冊の図書とその他資料からなっています。

　偕行社から寄付された図書は「近現代の軍事史」資料が中心ですが、広く軍事と関係する政治・外交及び諸制度についての資料が収集されています。

　軍事関係では戦史・戦記などの他に軍制史、陸軍関係学校資料殊に各学校の教程類が数多く所蔵されていること、陸軍各部隊の部隊史及び各兵種の教範並びに実施学校による専門雑誌、訓練参考資料と共に明治建軍以来の「偕行社記事」「主計団記事」が全巻揃っています。

神社で保有していた資料としては、靖国神社の歴史及び資料は当然として、神道関係の図書に加えて、戦友会、遺族などから寄付された戦記、追悼録等が多いのが特色です。

▲…偕行文庫入り口。

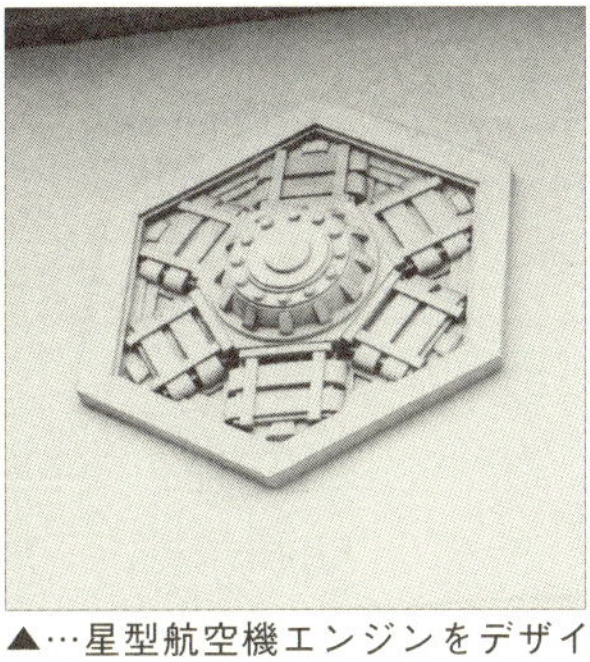

▲…星型航空機エンジンをデザインしたレリーフ。

▲…戦前、遊就館と姫路商工会議所が共催して行われた「聖戦一周年記念　事変展覧会」の展示。

❖母の像❖

戦争でお父さんをなくしたお母さんが、残された子供をしっかり守って立派に育ててくれました。「お母さん、ありがとう」と遺児（子供）たちが一九七四（昭和四九）年に寄付しました。（「やすくに大百科」）

戦前の結婚は、家と家との結婚という考え方が、普通でした。長男が戦没すると、家を継ぐという考えと遺族年金の給付という経済的理由も伴って、義弟と再婚するという場合が、多かったといわれます。

義弟と再婚した後、そこに夫が「生きていた英霊」として復員して戻ってくるという悲劇が起こったことも伝えられています。

「父子草」（監督・木下恵介、出演・渥美清、淡路恵子）は、このような実話を基にした映画です。

日本遺族会の考え方に反対する遺族もいます。

徴兵された家には、「出征兵士の家」の表札が玄関に貼られ、徴兵された人の妻は、「軍国の妻」と呼ばれ、軍隊から死亡通知が届くと「靖国の妻」とされ、「英霊の家」と表札が張り替えられました。

小学生などの学校の行き帰りには、「英霊の家」の木札が貼られている家の前を通るときには、お辞儀をして通るのが当たり前でした。

靖国神社法案が初めて国会に提出された一九六九（昭和四四）年六月、キリスト教徒の遺族たちが「キリスト者遺族の会」を結成し、一九八二（昭和五七）年七月には、北海道旭川市で「旭川平和遺族会」が、一九八六（昭和六一）年には神奈川県、岩手県、東京都などで平和遺族会が相次いで結成され、浄土真宗本願寺派（西本願寺派）の僧侶たちも、一九八六（昭和六一）年一月、京都市で全国集会を開催して「真宗遺族会」を発足させました。

これらの諸団体が中心となって一九八六（昭和六一）年七月七日、「平和遺族会全国連絡会」が結成されました。

▲…軍事保護院発行『遺族のしおり』

【国会質問から】

受田新吉委員　同時にもう一つ、結婚をして軍人の奥さんとして勤めておられた方が、夫に死なれて、戦後やむなく経済上で再婚をした。しかし、間もなく解消をして英霊の家に帰られたという方々は、ほんのちょっとだけ正式の結婚を別の人としたというので、形式がそうだったというので救われておらない人がおるのです。この人は、今英霊の家へ帰って、英霊を守っておられる方々が救われていない。この前の国会で何とかするという御答弁であった。このたびその措置がしてない。その他入夫婚姻等の処遇もまだはっきりしない。その他の未処遇者の問題等があるのでございますが、こういう未処遇の残された問題で、もっと法律解釈を、援護法ですので幅が広くやれるのですから、恩給法じゃないのですから、援護法で幅をちょっと広げるという配慮をなすべきで、救われる道が、まだ残っている人たちに対してはあるべきだと思うのですが、まだ間に合わなかったのでしょうか。

【第四〇回国会・社会労働委員会・第二八号】
一九六二（昭和三七）年四月一二日

パル博士顕彰碑

靖国神社で配布しているパンフ「やすくに大百科」の英語・中国語・ハングル三ヵ国語版は、二〇〇六（平成一八）年六月から配布され始めました。

「やすくに大百科」の英語・中国語・ハングルの三ヵ国語版では、なぜか、日本語版にはある「パール判事顕彰碑」説明が、削除されています。

日本の敗戦後、勝ったアメリカなどを中心に国際的な法廷が開かれました。この裁判は「東京裁判」と呼ばれています。裁判では軍人などが、アジア・太平洋戦争を始めた「戦犯（戦争を起こした犯罪人）」とされました。「戦犯」は、罪状の違いにより、A級・B級・C級戦犯と呼ばれました。パール判事は、「無罪」を主張しました。

靖国神社では、一九五九（昭和三四）年からBC級戦犯を神として祀り始めましたが、中心的戦争責任者として獄死、あるいは死刑になった東条英機他一四人のA級戦犯は、一九七八（昭和五三）年一〇月、ひそかに合祀されました。

戦争をおこした責任者たちと戦争の犠牲者が、一緒に靖国神社の神として祀られることになったのです。

アジアの国々の人たちは、そのような靖国神社に、日本の首相や都知事が参拝することで、日本が戦争を賛美し、準備しているのではないかと心配しています。日本軍によって、殺されたり、農作物を奪われたりしたアジアの国々の人たちは、靖国神社に、天皇や首相、都知事が参拝することは、アジア・太平洋戦争が正しい戦争だったと日本が宣言することと同じことだと怒るのです。

石碑の説明文が、誰でも持参できるようになっていますが、この説明文を英訳した文章には、「敗戦国日本への復讐の儀式……」という南部宮司の部分は英訳されていません。ただ靖国神社では、終戦という言葉が多用されていますが、ここでは「敗戦国」という言葉が使われています【遊就館展示室15、167ページ】。

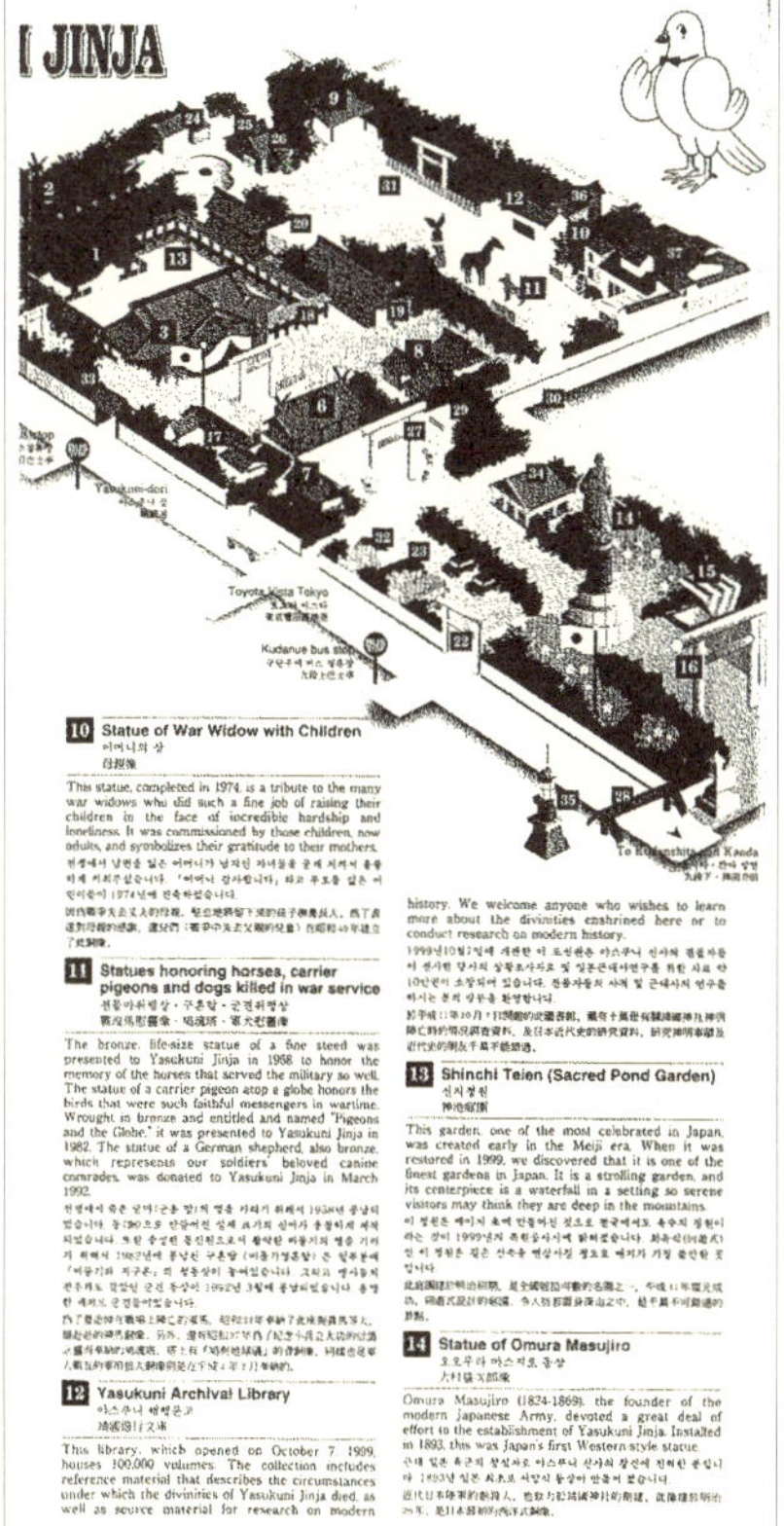

10 Statue of War Widow with Children

This statue, completed in 1974, is a tribute to the many war widows who did such a fine job of raising their children in the face of incredible hardship and loneliness. It was commissioned by those children, now adults, and symbolizes their gratitude to their mothers.

11 Statues honoring horses, carrier pigeons and dogs killed in war service

The bronze, life-size statue of a fine steed was presented to Yasukuni Jinja in 1958 to honor the memory of the horses that served the military so well. The statue of a carrier pigeon atop a globe honors the birds that were such faithful messengers in wartime. Wrought in bronze and entitled and named "Pigeons and the Globe," it was presented to Yasukuni Jinja in 1982. The statue of a German shepherd, also bronze, which represents our soldiers' beloved canine comrades, was donated to Yasukuni Jinja in March 1992.

12 Yasukuni Archival Library

This library, which opened on October 7, 1999, houses 100,000 volumes. The collection includes reference material that describes the circumstances under which the divinities of Yasukuni Jinja died, as well as source material for research on modern history. We welcome anyone who wishes to learn more about the divinities enshrined here or to conduct research on modern history.

13 Shinchi Teien (Sacred Pond Garden)

This garden, one of the most celebrated in Japan, was created early in the Meiji era. When it was restored in 1999, we discovered that it is one of the finest gardens in Japan. It is a strolling garden, and its centerpiece is a waterfall in a setting so serene visitors may think they are deep in the mountains.

14 Statue of Omura Masujiro

Omura Masujiro (1824-1869), the founder of the modern Japanese Army, devoted a great deal of effort to the establishment of Yasukuni Jinja. Installed in 1893, this was Japan's first Western-style statue.

10 母の像

戦争でお父さんをなくしたお母さんが、残された子供をしっかり守って立派に育ててくれました。「お母さん、ありがとう」と遺児（子供）たちが昭和49年に建てました。

11 戦没馬慰霊像・鳩魂塔・軍犬慰霊像

戦場にたおれた軍馬の霊をなぐさめるため、昭和33年奉納されました。銅でつくった実物大の神馬が雄々しく建っています。

また、けなげな通信員として活躍した伝書鳩の霊をなぐさめるため、昭和57年に奉納された鳩魂塔は、台座の上に「鳩と地球儀」のブロンズ像が置かれています。そして、同じく兵隊さんの友だちだった軍犬の銅像が平成4年3月に奉納されました。りりしいシェパードの軍犬です。

12 パール博士顕彰碑

昭和21年から行われた極東国際軍事裁判（通称　東京裁判）のインド代表判事であったラダ・ビノード・パール博士は、事実を曲げた訴えに対し、裁判官の中でただ一人、被告団を全員無罪とする意見書を出されました。その勇気と情熱を称え、後の世へ伝えるために平成17年に建立されました。

▲…日本語版にはあるのに三ヵ国語版ではとばされています。

▲…小林よしのりもパール判事を顕彰しています（『新ゴーマニズム宣言　靖国論』幻冬社より）。

❖戦没馬慰霊像・鳩魂塔・軍犬慰霊像❖

捨て去られた動物たち。

▲…右奥から鳩、馬、犬の「慰霊」碑が並んでいます

　戦没馬慰霊像は一九五九（昭和三四）年に像が建てられました。

　アジア・太平洋戦争では、大砲などの重い兵器は、今のように自動車の数がありませんでしたので、トラックに乗せたり、ランドクルーザーで引いたりすることができませんでした。

　そのため、農家などで荷物を引いていた馬などを使いました。大砲などを運ぶのですから、戦場の一番前に行くことが多く、爆弾に当たったりしてアジア・太平洋戦争だけでも二〇万頭の馬が、戦争の犠牲になって、死んでしまったと言われています。

　鳩魂塔は一九八二（昭和五七）年に像が建てられました。

　電話や無線などが少なかったので、伝書鳩が「軍鳩」と呼ばれ連絡用に飼育されていました。海外で飼育されていた鳩は、敗戦の時に、捨てられて

死んでしまったと言われています。

軍犬慰霊像は二〇〇二（平成四）年に像が建てられました。

「軍犬」と呼ばれ敵を探索、捕虜収容所の警備のために訓練されていました。これらの犬もほとんど、敗戦の時に、捨てられ野犬となって死んでしまったと言われています。

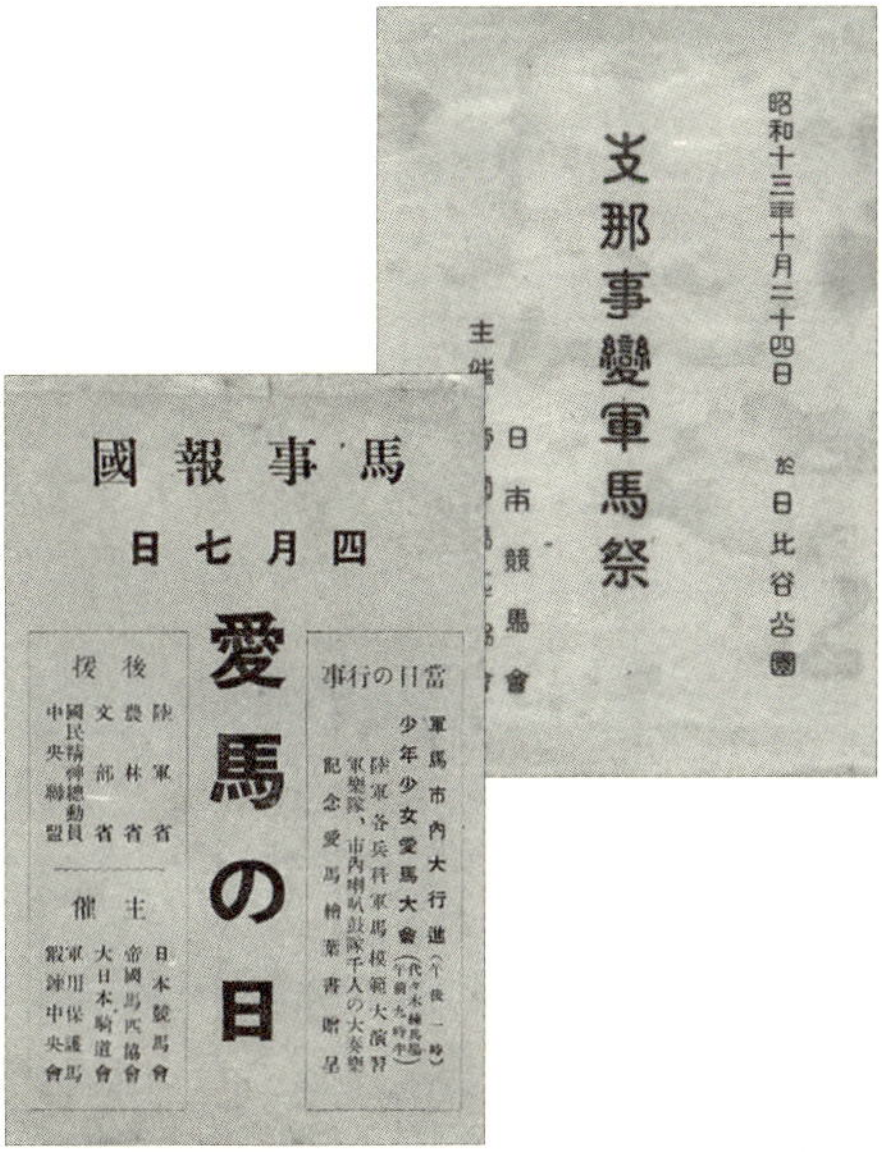

▲…「馬事報国」だそうです。

【靖国神社＝犬】

二〇〇六（平成一八）年八月二三日『東京新聞』は、「靖国参拝と台湾人」と題する、署名入り記事を掲載した。

「小泉純一郎首相の靖国神社参拝反対のデモ騒ぎでこの話を思い出した。デモの中には遺族と称する台湾人もいた。この二人は『犬に噛みつく人』だ。台湾で犬に噛みつくのはたった二人。立法委員は台湾国内での票目当てのパフォーマンスだ。それなのに、台湾人の遺族も反対とは大きなミスリードだ」。

この記事に関して、「平和の灯をヤスクニの闇へ」キャンドル行動の内田雅敏事務局長は、「靖国参拝と台湾人・消せない弾圧の歴史」と題し、「歴史的事実を無視した妄言以外の何者でもない。今般、内閣府を通じて小泉首相宛になされた『靖国参拝反対・合祀取下げ』の申し入れ書には、高金素梅さんを含め二八名の立法委員が署名している」と反論を寄稿し、『東京新聞』「読者公論」欄に九月一三日掲載された。

『東京新聞』は、靖国神社を「犬」と表現したのである。

靖国神社を指して、このような豊かな表現をしたのは、ほかに類がないのではないか。

❖特攻勇士之像❖

一九四四（昭和一九）年のレイテ海戦で最初に出撃した「神風特別攻撃隊」にはじまり、敗戦後まで続いた陸海軍の特攻航空兵の飛行服像を寄付したのは、（財）特攻隊戦没者慰霊平和祈念協会（名誉会長瀬島龍三）です。

「処刑特攻」「自殺特攻」。

特攻隊員の話として伝わっている話。

特攻隊員として出撃しましたが、離島に不時着して、マラリアに感染したものの基地に生還しました。ところが、すでに敵艦に突入したものとして、二階級特別進級させて、天皇に報告されていました。

生きていた英霊があってはならないと、航空軍の参謀の手で病室から引きずり出され、単機出撃させられました。「処刑飛行」です。また第四航空軍の田中軍曹というパイロットは、離陸しようとしたら、操縦を誤って草原へ突っ込んでしまいました。座席から投げ出されて、奇跡的にかすり傷一つ負いませんでした。

軍司令官の富永恭次から「お前は特攻のくせに、命が惜しいのか。すぐ出撃せい」と叱りつけられた彼は、別の飛行機に乗って「田中軍曹、ただ今から、自殺攻撃に出発します」といって、離陸したとのことです。

軍司令官の富永恭次は、いつも特攻隊員を送り出すとき、「お前たちだけを行かせはしない。最後には自分も参謀長の操縦する飛行機に乗って、お前たちの後に続く」と言っていながら、逃亡した人です。

特攻隊員の「生きていた英霊」再出撃命令は、二〇〇六（平成一八）年、遊就館映像ホールで上映された『人間魚雷回天』（一九五五年新東宝製作。山口県徳山

湾に浮かぶ大津島が舞台）にさえ描かれています。

「特攻勇士之像」の兄弟像が航空自衛隊浜松広報館にあります。北村西望作「雄風」は、「空を活動の場とする航空自衛隊の精神に相応しくその精神を後世に末永く継承するためとして、航空自衛隊浜松広報館にも展示されています」との説明文が付されています。

▲…撃墜されたゼロ戦の残骸。

【富永恭次】

一九四一（昭和一六）年、人事局長東条英機の腰巾着のあだ名があったという。一九四三（昭和一八）年、陸軍次官と人事局長を兼任するが、東条内閣総辞職と共に失脚。

特攻隊出撃前の訓示では「諸君はすでに神である。私も必ず後を追う」と言って特攻隊を次々と出撃させたが、戦勢の不利が明白となった一九四五（昭和二〇）年一月一五日、指揮下の地上勤務部隊を捨て、フィリピンの飛行場から会議を口実に護衛戦闘機を伴って台湾へ。

上官である山下奉文《ともゆき》大将にも無断で行われた明確な敵前逃亡である。

一九四五（昭和二〇）五月、予備役編入の処置がとられたが、「死ぬのが怖くて逃げてきた人間を予備役にして戦争から解放するのはおかしい」と満州へ。

八月敗戦の後、富永はシベリアのハバロフスク収容所に抑留され、一九五五（昭和三〇）年四月一八日引揚船の興安丸で舞鶴港に帰国。

❖参❖ 遊就館篇

▲…遊就館特別展示室天井にはめ込まれていた、ステンドグラスのレプリカ（開館記念配布品）。（☞ 140 ページ）

❖遊就館❖

一八九二（明治一五）年、日本で最初に創られた「軍事博物館」です。

展示解説は、天皇の命令で行った戦争はすべて正しい、で一貫しています。

日本軍が、侵略した国々の人たちの考え方や、日本軍が、アジアの国々から資源や食料を奪ったことは説明されていません。

アジア・太平洋戦争も、日本はガマンしたけれど、アメリカを始めとしたイジメがひどいので、ガマンできなくて始めた自存自衛戦争だ、という姿勢です。

英文の解説文も併記されていますが、遊就館入り口のラックから自由に取れる英文の遊就館パンフレットでは、旧版日本語パンフレットにあった「自存自衛……皮膚の色の……」というアジア・太平洋戦争についての解説部分が抜かされていました（二〇〇七年五月に改訂された日本語版にも、この表現はありません）。

展示解説は、靖国神社の考え方に合った資料だけを選択展示しています。

▲…2007年5月に改訂された遊就館パンフレット。

年表●遊就館のあゆみ

一八七八（明治一一）西南戦争に際し華族会館より軍人負傷者などへの寄付金の残金を靖国神社「絵馬堂」建設に回すことが稟議承認される。

一八八九（明治二二）掲額並びに古来の武器陳列所建設決定。設計は、工部省のお雇い外国人カペレチーによるイタリア古城形式。

一八九二（明治二五）招魂社附属「掲額及武器陳列所」開設。「荀子」の遊必就士より「遊就館」と命名。

一九〇〇（明治三三）本館は靖国神社什物及出品に係る武器類を陳列し衆庶に観覧せしむる所とす。（靖国神社附属遊就館概則第一條）

一九〇八（明治四一）日清・日露戦争などの戦利品陳列のため、大増改築。

一九二三（大正一二）関東大震災により、遊就館大破。

一九三一（昭和六）遊就館新築工事竣工仮開館。

一九三四（昭和九）遊就館に隣接して「国防館」が開館。

一九四六（昭和二一）九月宗教法人靖国神社設立登記。国防会館を靖国会館と改称。「靖国神社宝物館」を「遊就館」と名称を戻すが、閉館。

一九四六（昭和二一）一一月、富国生命保険相互会社（旧富国徴兵保険）に月五万円で「遊就館」を臨時貸与。

一九六一（昭和三六）靖国会館二階を「宝物遺品館」として開館。

一九八六（昭和六一）フコク生命が日比谷に本社を再建したことを契機に賃貸契約を解除。七月に「遊就館」として再開。

二〇〇二（平成四）全面改修。

二〇〇七（平成一九）一月一日、展示解説文の一部を書き換え。

▲◀…昔の遊就館と陳列品カタログ。

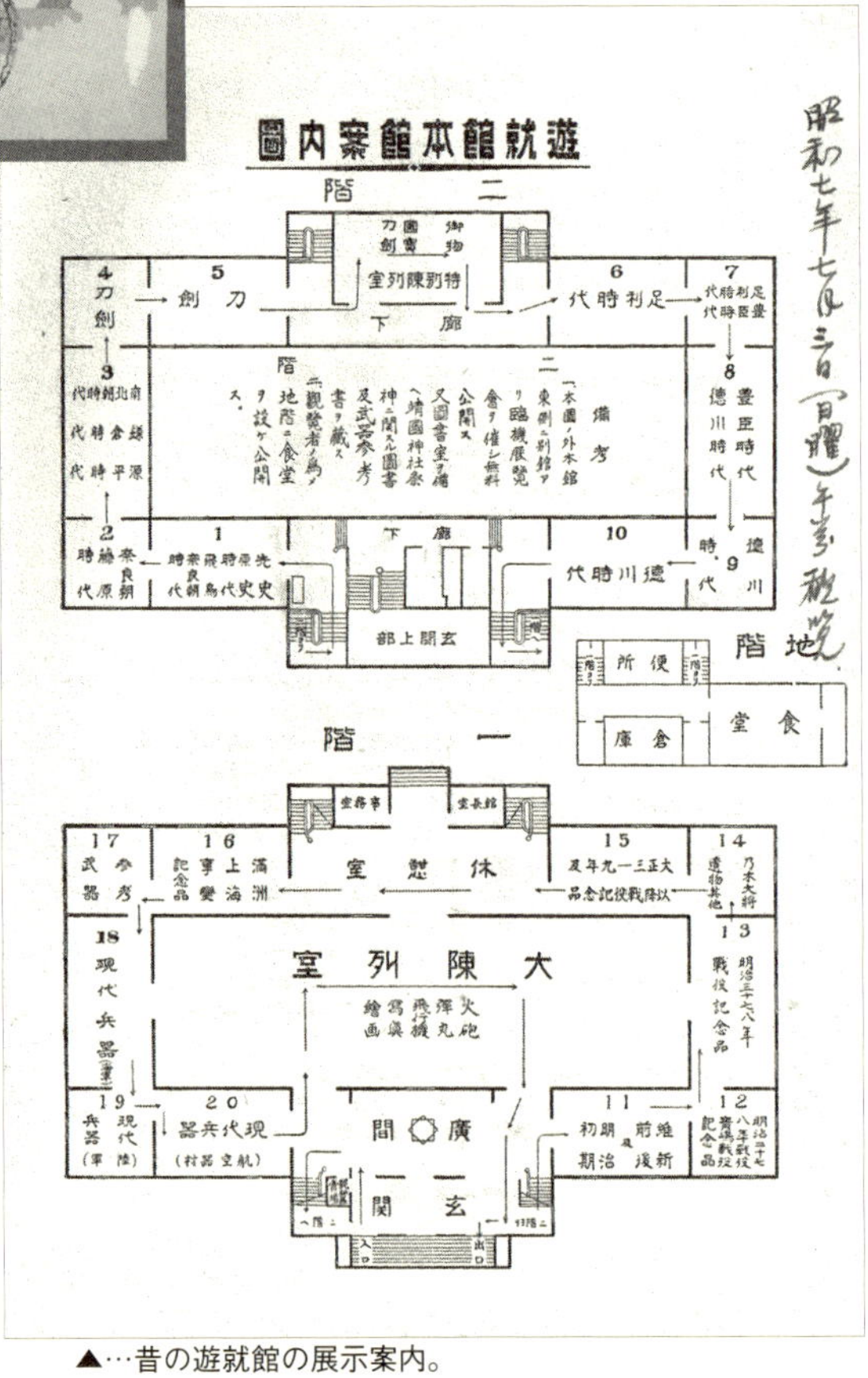

▲…昔の遊就館の展示案内。

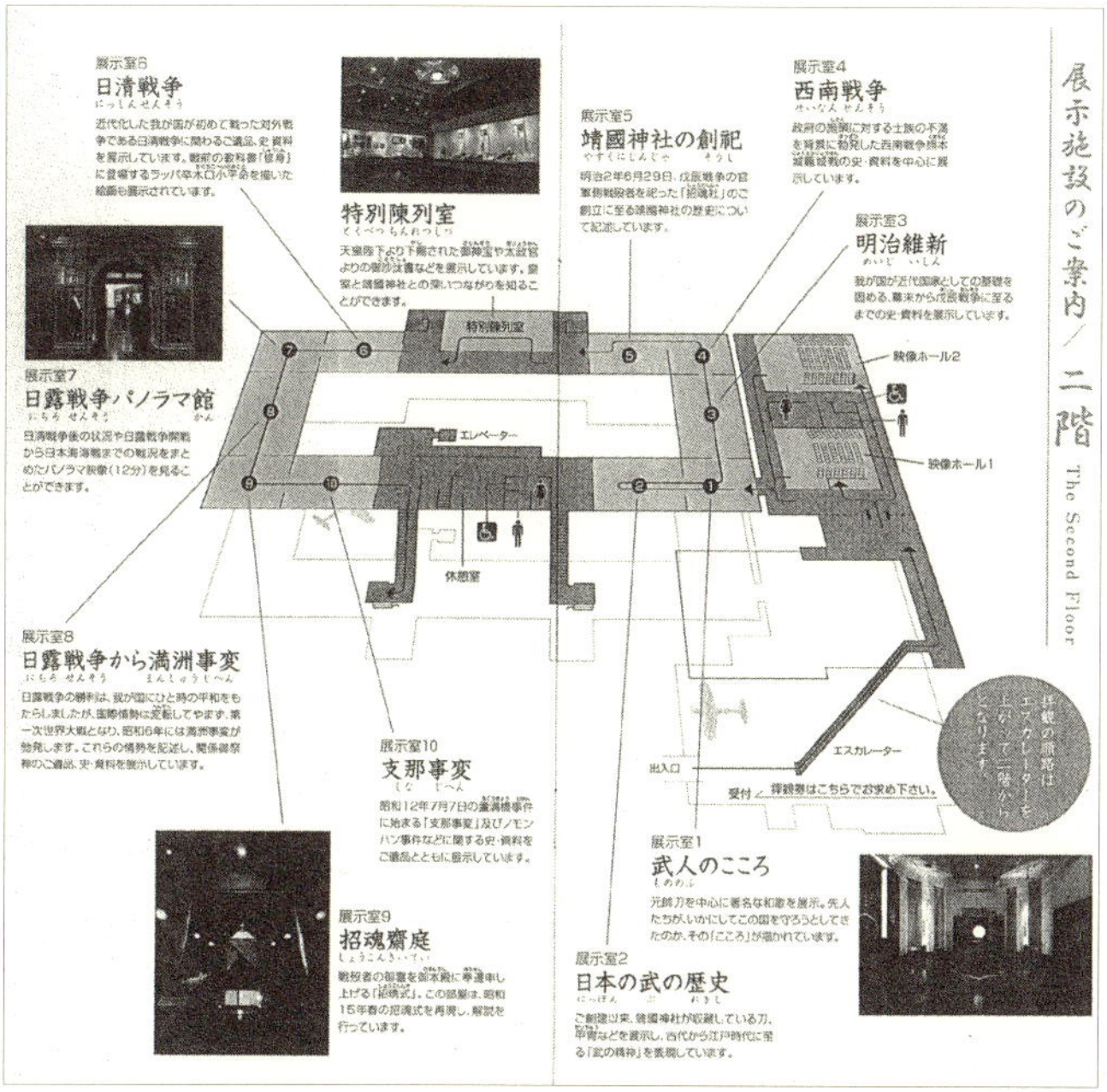
展示施設のご案内／二階
The Second Floor
展示室6
日清戦争《にっしんせんそう》
近代化した我が国が初めて戦った対外戦争である日清戦争に関わるご遺品、史・資料を展示しています。戦前の教科書「修身」に登場するラッパ卒木口小平命を描いた絵画も展示されています。
特別陳列室《とくべつちんれつしつ》
天皇陛下より下賜された御神宝や大勲位よりの御沙汰書などを展示しています。皇室と靖國神社との深いつながりを知ることができます。
展示室5
靖國神社の創祀《やすくにじんじゃ　そうし》
明治2年6月29日、戊辰戦争の官軍側戦殁者を祀った「招魂社」のご創立に至る靖國神社の歴史について記述しています。
展示室4
西南戦争《せいなんせんそう》
政府の施策に対する士族の不満を背景に勃発した西南戦争熊本城籠城戦の史・資料を中心に展示しています。
展示室3
明治維新《めいじいしん》
我が国が近代国家としての礎を固める、幕末から戊辰戦争に至るまでの史・資料を展示しています。
展示室7
日露戦争《にちろせんそう》パノラマ館《かん》
日清戦争後の状況や日露戦争開戦から日本海海戦までの戦況をまとめたパノラマ映像（12分）を見ることができます。
特別陳列室
エレベーター
休憩室
映像ホール2
映像ホール1
展示室8
日露戦争《にちろせんそう》から満洲事変《まんしゅうじへん》
日露戦争の勝利は、我が国にひと時の平和をもたらしましたが、国際情勢は変転してやまず、第一次世界大戦となり、昭和6年には満洲事変が勃発します。これらの情勢を記述し、関係御祭神のご遺品、史・資料を展示しています。
展示室10
支那事変《しなじへん》
昭和12年7月7日の盧溝橋事件に始まる「支那事変」及びノモンハン事件などに関する史・資料をご遺品とともに展示しています。
拝観の順路はエスカレーターを上がって二階からとなります。
エスカレーター
出入口
受付
拝観券はこちらでお求め下さい。
展示室1
武人《もののふ》のこころ
元帥刀を中心に著名な和歌を展示。先人たちがいかにしてこの国を守ろうとしてきたのか、その「こころ」が描かれています。
展示室9
招魂斎庭《しょうこんさいてい》
戦殁者の御霊を御本殿に奉遷申し上げる「招魂式」。この部屋は、昭和15年春の招魂式を再現し、解説を行っています。
展示室2
日本《にっぽん》の武《ぶ》の歴史《れきし》
ご創建以来、靖國神社が収蔵している刀、甲冑などを展示し、古代から江戸時代に至る「武の精神」を表現しています。

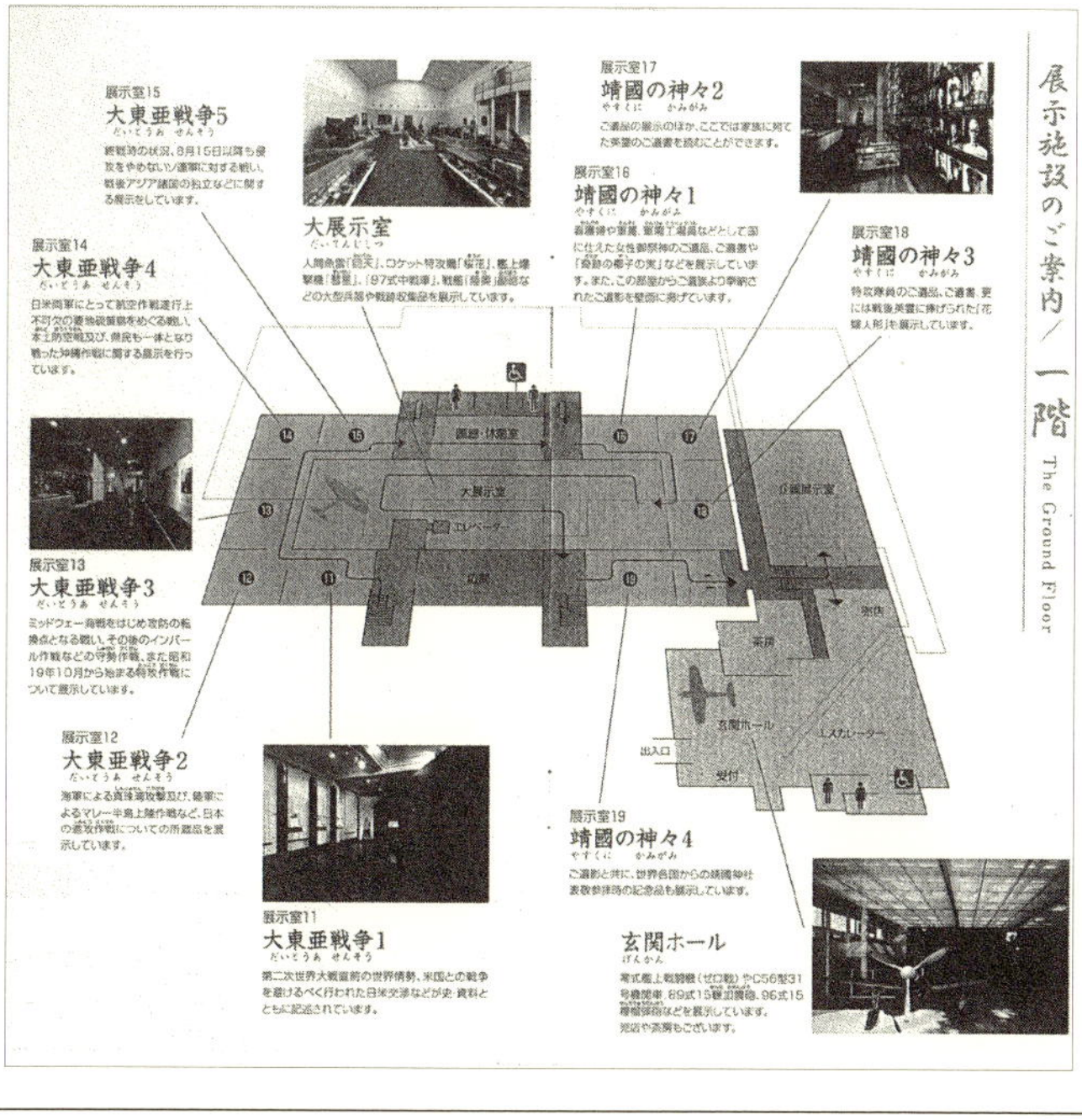
展示施設のご案内／一階
The Ground Floor
展示室15
大東亜戦争《だいとうあせんそう》5
終戦時の状況、8月15日以降も侵攻をやめないソ連軍に対する戦い、戦後アジア諸国の独立などに関する展示をしています。
大展示室《だいてんじしつ》
人間魚雷「回天」、ロケット特攻機「桜花」、艦上爆撃機「彗星」、「97式中戦車」、戦艦「陸奥」副砲などの大型兵器や戦跡収集品を展示しています。
展示室17
靖國《やすくに》の神々《かみがみ》2
ご遺品の展示のほか、ここでは家族に宛てた英霊のご遺書を読むことができます。
展示室16
靖國《やすくに》の神々《かみがみ》1
看護婦や軍属、軍需工場員などとして国に仕えた女性御祭神のご遺品、ご遺書や「奇跡の椰子の実」などを展示しています。また、この部屋からご遺族より奉納されたご遺影を壁面に掲げています。
展示室18
靖國《やすくに》の神々《かみがみ》3
特攻隊員のご遺品、ご遺書、更には戦後英霊に捧げられた「花嫁人形」を展示しています。
展示室14
大東亜戦争《だいとうあせんそう》4
日米両軍にとって航空作戦遂行上不可欠の要地硫黄島をめぐる戦い、本土防空戦及び、県民も一体となり戦った沖縄作戦に関する展示を行っています。
展示室13
大東亜戦争《だいとうあせんそう》3
ミッドウェー海戦をはじめ攻防の転換点となる戦い、その後のインパール作戦などの守勢作戦、また昭和19年10月から始まる特攻作戦について展示しています。
売店・休憩室
大展示室
エレベーター
企画展示室
茶房
売店
玄関ホール
エスカレーター
出入口
受付
展示室12
大東亜戦争《だいとうあせんそう》2
海軍による真珠湾攻撃及び、陸軍によるマレー半島上陸作戦など、日本の進攻作戦についての所蔵品を展示しています。
展示室19
靖國《やすくに》の神々《かみがみ》4
ご遺影と共に、世界各国からの靖國神社表敬参拝時の記念品も展示しています。
展示室11
大東亜戦争《だいとうあせんそう》1
第二次世界大戦直前の世界情勢、米国との戦争を避けるべく行われた日米交渉などが史・資料とともに記述されています。
玄関《げんかん》ホール
零式艦上戦闘機（ゼロ戦）やC56型31号機関車、89式15糎加農砲、96式15糎榴弾砲などを展示しています。
売店や茶房もございます。

▼…現在の遊就館の展示案内。

❖ロビー❖

泰緬鉄道の蒸気機関車・ゼロ戦を展示。泰緬鉄道は一年三ヶ月という驚異的な早さで、一九四三（昭和一八）年一〇月に開通しました。
（展示解説）

　鉄道を建設した労働者は誰ですか。

　タイからビルマにかけて通じている「泰緬鉄道」で使われていた機関車の実物が展示されています。「泰緬鉄道」は、イギリスの植民地だったインドを侵略するための軍事鉄道として建設されました。

　解説文を読むと、当時の日本の鉄道を建設する技術は、すごいものだという感じを受けますが、日本軍は建設現場で働かせるためにイギリス人などの捕虜と、ビルマ・マレーシア（シンガポール）などの人たちを、無理やり連れてきて突貫工事を行ったのです。

　このため、事故や栄養不足による病気から捕虜約一万三〇〇〇人。強制的に働かされた人約三万三〇〇〇人の人たちが、殺されたと言われています。「枕木の本数と同じくらい、工事で人が殺された」といわれています。

　ゼロ戦は、一九四四（昭和一九）年、空前の航空決戦となったマリアナ沖海戦において、新人パイロット、二五〇キロ爆弾装備、対空砲火防弾なしなどが原因で、出撃機の八〇％にあたる一九〇機が撃墜されています。

　設計副主任曽根嘉年は、機密資料の業務日誌や膨大な設計メモを残し、防御力の欠如、急降下能力の不足、大量生産に不向きな複雑な構造など、ゼロ戦の欠陥を指摘しています。

ゼロ戦は防弾装置のないタンクや操縦席を狙い撃ちされ、撃墜されたのです。特攻機は欠陥機だったのです。

前線から「欠陥機」を開発した責任を問う声が寄せられましたが結局、責任は明らかにされませんでした。

一九四四（昭和一九）年一〇月二五日、ゼロ戦による特別攻撃隊第一陣が出撃。その後、敗戦まで二千四百機が特攻に使われています。

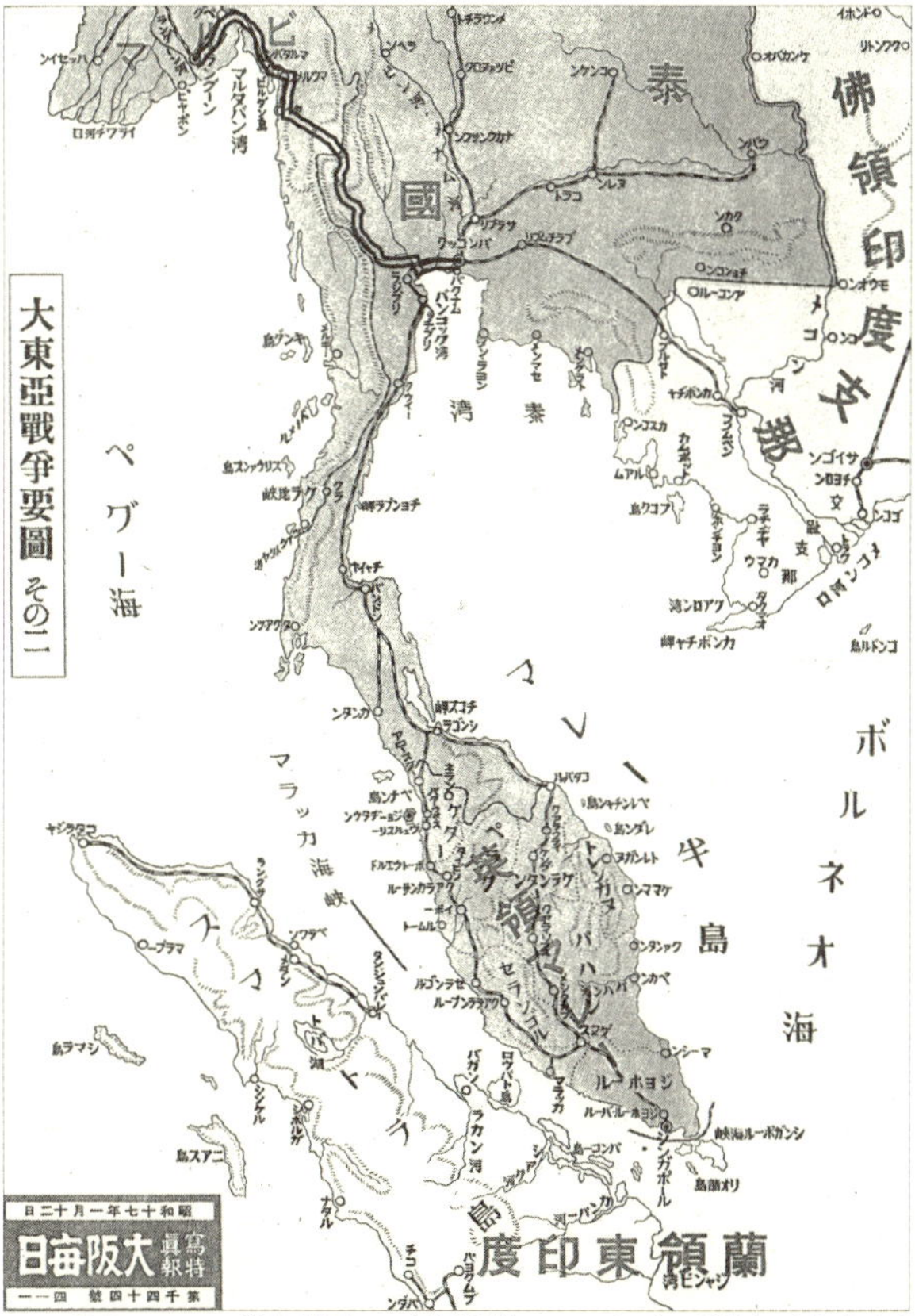

▲…当時のマレー半島地図に、泰緬鉄道のルート（二重線）を加えた図。

❖二階ロビー　彫刻・負傷兵の敬礼❖

大島渚はドキュメンタリー「忘れられた皇軍」を制作しています。

戦傷のため働けない人たちの年金を、打ち切りました。

一九六〇年代まで、駅頭で、失明・義手・義足など戦傷の身を白衣に包んだ「傷痍軍人」が、軍歌をハーモニカなどで吹いて街頭募金活動をしていました。

▲…「白衣の戦士」の靖国神社参拝（1938 年）。

街頭募金活動をしていた「傷痍軍人」のほとんどが在日韓国・朝鮮人だったことは、ほとんど知られていません。

一九五二（昭和二七）年四月二八日、サンフランシスコ講和条約が発効しましたが、日本政府は、在日韓国・朝鮮人に国籍の選択を認めませんでした。

条約が発効して二日後の四月三〇日に、「戦傷病者戦没者遺族等援護法」が公布されましたが、この法律は、四月一日にさかのぼって適用されています。在日韓国・朝鮮人の傷痍軍人・軍属はこの時点で、消滅しました。

日本政府は、付則で「戸籍法の適用を受けない者については、当分の間、この法律を適用しない」とあえてつけ加えました。在日韓国・朝鮮人には「戸籍法」が適用されていませんでしたので、この文章が、在日韓国・朝鮮人を排除する目的でつけ加えられたことは明らかです。

この非道な処置に対して、補償要求運動する人たちに、日本政府は「帰化」を強要しました。この姿を大島渚はドキュメンタリー「忘れられた皇軍」として残しています。

戦傷のため働けない人たちは、僅かな年金と生活保護を頼りに生きていました。その命綱ともいうべき年金を日本政府は一方的に、打ち切ったのです。

▼…「忘れられた皇軍」のシナリオを収録した大島渚の本（現代思潮社、1966年）

【朝鮮並びに台湾出身の傷痍軍人及び軍属に関する答弁書】

内閣総理大臣　岸信介

内閣参考人質疑第八号・一九五七（昭和三二）年四月九日

朝鮮人又は台湾人たる戦傷病者は、現在は日本の国籍を有していないとしても、当時は陸海軍に属して軍務に服し、公務上の傷病により不具廃疾となつたものであるから、日本人同様の処遇を与えよという議もあるが、恩給法又は戦傷病者戦没者遺族等援護法によつて、この問題を解決することは不適当であり、結局日韓、日中両政府間における問題として他の請求権の問題と関連して考慮せざるを得ないのではないかと考えている。

朝鮮及び台湾出身の元傷痍軍人及び軍属であつた者が、日本に帰化することを希望する場合には、国籍法第四条第四号の要件につき、運用上相当の考慮を払う余地はあるが、この要件を緩和する特別の措置を講ずることは相当でないと考える。

なお、日本に在住している台湾人又は朝鮮人で、生活に困窮している者に対しては、生活保護法の取扱に準じて保護している。

「私たちは忘れない！　感謝と祈りと誇りを」が上映されています。

❖映像ホール❖

アジアの人たちも忘れない！

タイのカンチャナブリにある「JEATH・戦争博物館」の門には、「許そう、しかし忘れない」（FORGIVE BUT NOT FORGET）の文字が掲げられています。

「JEATH」とは「DEATH＝死」をもじった言葉で、泰緬鉄道建設のために強制労働を強制した日本（Japan）と、強制労働に従事させられたイギリス（England）・アメリカ（America）・オーストラリア（Australia）・タイ（Thailand）オランダ（Holland）の頭文字を合わせた造語で、日本軍によって「殺された・博物館」であることを宣言しています。

「私たちは忘れない！」の紹介には、「教科書では教えられない真実の歴史」とあります。

日本は、自存自衛の戦いしかしてこなかった。侵略戦争をしたことがなかった。アジアの植民地解放を目指した戦争だった。満州事変に関しても、「日本の正当な権益がありましたが排日テロによって生命、財産の危機にみまわれた」という主張です。

この主張が正しいとするなら、欧米植民地もすべて「正当な権益がありました」ということになります。

ドイツのナチスやイタリアのファシスト政権と同盟

▲…映画「私たちは忘れない」の宣伝用チラシ。

を結んでいたことは教えてくれません。

ゼロ戦の特攻場面では、アメリカ軍撮影の映像を使っているため、当然、特攻攻撃の成功例だけが映されるという奇妙な特攻賛美が見られます。


敗戦後、庶民の間で「大本営発表」とは、嘘八百・大言壮語の代名詞になりましたが、ナレーターの声は、現代版「大本営発表」です。製作は、「日本会議」「英霊にこたえる会」。日本会議の会長三好達元最高裁長官は、靖国神社総代も兼ねています。

【『喜劇・あゝ軍歌』】

遊就館で『喜劇・あゝ軍歌』は上映しないでしょう。

『喜劇・あゝ軍歌』のクライマックスは、八月一五日の御霊神社に設定されています。

　息子が敵前逃亡の末射殺された事実を知ったハルミ、かつての自分たちの軍医（戦時中、軍隊でニセ狂人を演じて入院していた頃、敵機が襲来しているにも関わらず外で炭坑節を踊ることを強要した）が三千人の遺族を率いて御霊神社に参拝すると知ったフクやんとカトやん、ヒッピー崩れの青年とゲバゲバスタイルの少女、旦那に逃げられたニセ妊婦は、自らの経済的窮地を脱するために、ある計画を実行します。その計画とは御霊神社のサイ銭ドロボーです。

　昭和天皇の敗戦放送が流れ、参拝者たちが黙祷を捧げる中、サイ銭箱の中の金を無事運び出したフクやんとカトやん、即席家族の迎える顛末は？


『喜劇・あゝ軍歌』の初稿段階の台本では、映画では「御霊神社」とされている神社を「靖国神社」と明記しています。

▲…映画『喜劇・あゝ軍歌』のポスターと台本。

❖武人のこころ【展示室1】❖

大友家持（七八五年没）・宗良親王（一三八五年？没）・本居宣長（一八〇一年没）・三井甲之（一九五三年没）の和歌が掲げられています。

四人の和歌は、靖国神社の思想を象徴しています。

「教科書では教えられない」ことを展示する遊就館としては、確かに、三井甲之という聞いたことがない人の詩を掲示する意味があるのでしょう。

三井甲之は、二・二六事件の思想的黒幕といわれる北一輝と共に、戦前戦中の右翼のイデオローグと言われた人です。

「マッチ擦る　つかのま海に　霧ふかし　身捨つるほどの　祖国はありや」（寺山修司）という歌を掲げないのが、靖国神社です。

元帥刀も展示されています。

帝国陸・海軍で勲功のあった陸・海軍大将は、「元帥」の称号が与えられ、「元帥刀」が、天皇から与えられました。

大友家持の「海行かば」を戦前、子供たちは次のように歌っていました。

海　行　【カバ】

【ミ（ミ）ズク】　【カバ】ね

山　行　【カバ】

草むす　【カバ】ね

大君の　【屁】にこそ死なめ

かへりみはせじ

❖日本の武の歴史【展示室2】❖

歴史上の武器・武具が展示されていますが、見物は奇抜なデザインの兜です。見てください。

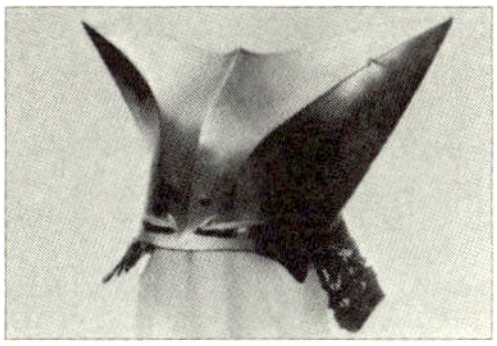

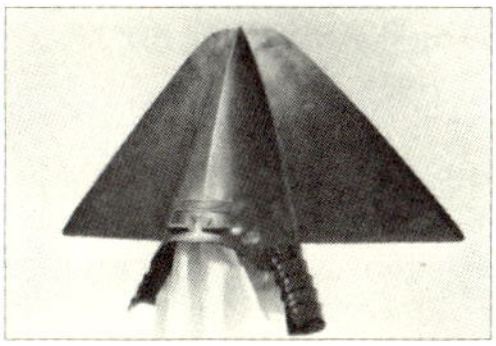
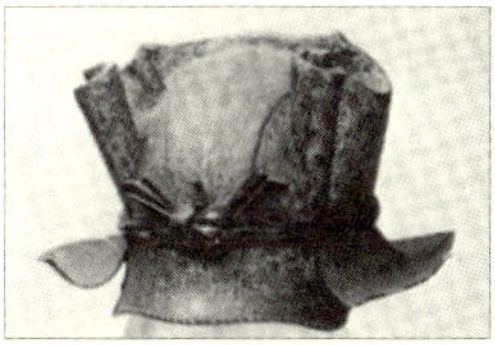
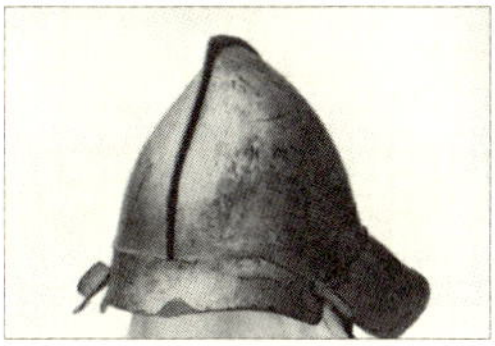
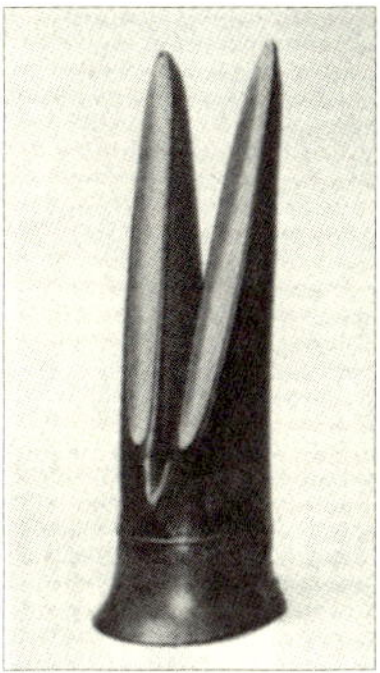

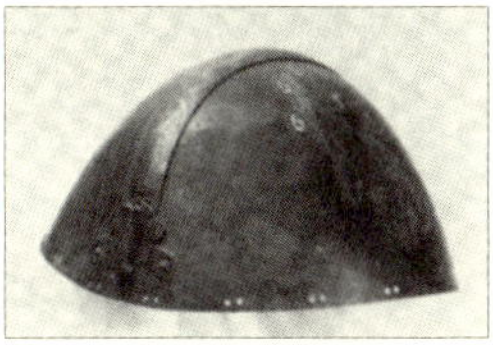

❖明治維新【展示室3】❖

靖国神社の神さまの中には、歴史の本やテレビドラマなどでみなさんもよく知っている坂本龍馬、高杉晋作など……
（『やすくに大百科』）

橋本左内、一八五九（安政六）年二六歳、安政の大獄に連座して処刑。吉田松陰、一八五九（安政六）年二九歳、安政の大獄に連座して処刑。坂本龍馬、一八六七（慶応三）年三一歳、京都において暗殺。

高杉晋作は、一八六七（慶応三）年二七歳で、結核で病死していますが合祀されています。

天皇の側に立って戦争で死んだと、勝手に決められた人だけを祭神として顕彰するのが靖国神社です。

有名な会津藩の白虎隊は、天皇側の新政府に逆らって賊軍として、最後は切腹しましたので、靖国神社の神としては祀られていません。

▲…高杉晋作。

▲…坂本龍馬。

靖国神社の基となった「招魂祭」が、官軍（薩摩・長州・土佐・肥前藩）の死者を慰霊・顕彰するために行われたため当然のことでしたが、そのたった四年前の一八六四（元治元）年京都で、「禁門の変」あるいは「蛤御門の変」とも呼ばれる戦いがありました。

「禁門の変」においては、「所司代」と呼ばれ京都御所警護についていたのは会津藩藩主松平容保で、孝明天皇の勅命を受けていた会津藩は官軍でした。

この時、長州藩士として京都御所を攻め、敗れて自殺した稲次因幡正訓などは、賊軍だったにも関わらず、祭神を決定する陸軍が、旧長州藩閥で固められていたので、死んでから数年後には、靖国神社の神になっています。

一方、「禁門の変」で官軍として死んだ会津藩士は、五〇年近く後にやっと靖国神社の神にされました。
勝てば官軍。負ければ賊軍。

▲…禁門（蛤御門）。賊軍（長州）から天皇を守った官軍は、徳川と会津藩でした。

▲…錦の御旗。

◀▲…吉田松陰は、東京・世田谷の松陰神社に祀られています。神社なのに、そこには吉田松陰らの墓地もあります。

❖西南戦争【展示室4】❖

西郷隆盛の下野は政府への不満を一挙に噴出させ、佐賀の乱、熊本神風連の乱、秋月の乱が次々に起こり、遂に西南戦争になった。（展示解説）

西郷隆盛・江藤新平は靖国神社では賊軍。

西郷隆盛は、鹿児島の南州神社では神さまです。江藤新平も、佐賀護国神社では神さまです。

「佐賀の乱」は、一八七四（明治七）年に江藤新平・島義勇らが佐賀で起こした明治政府に対する武士階級の反乱です。

新政府側は直ちに、近衛兵や鎮台兵などを派遣し、あっけなく反乱は鎮圧されました。新政府は「佐賀の乱」処分のために急遽、佐賀裁判所を設置し、わずか二日間の審議で江藤新平・島義勇ら一一名は斬首となり、さらし首にされました。

▲…鹿児島の西郷像は軍服姿。

江藤新平を神として祀る佐賀護国神社は、一八七〇（明治三）年佐賀藩の鍋島旧藩主が、一八六八（慶応四）年の「会津鳥羽・伏見の戦」、一八六九（明治二）年の「奥羽・函館の戦」の戦没者を祀る招魂場を創建したことが始まりで、一八七四（明治七）年に、「佐賀の乱」官軍側戦没者を合祀します。

一九三九（昭和一四）年、全国の招魂社同様、勅令によって佐賀県護国神社と改称すると共に、「靖国神社の祭祀の柱と一致するように努力」「靖国神社の分祀と称える」神社と宣言します。

ところが一九一二（明治四五）年には、賊軍側戦没者を合祀しています。佐賀県人にとって賊軍は、郷土の英雄なのです。靖国神社は、「佐賀の乱」賊軍は祀っていませんから、祭祀の柱の一致は不可能です。

　佐賀県護国神社は、一九六九（昭和四四）年には、自衛隊員で、公務死した者を合祀します。靖国神社は現在、自衛隊員を合祀していませんが、全国の護国神社の中には、佐賀護国神社同様、自衛隊員を祭神として合祀している神社があります。

【陸幕が靖国合祀研究・イラク派遣前　隊員犠牲を想定（東京新聞）二〇〇六年八月一二日】

　陸上自衛隊のイラク派遣で、防衛庁の陸上幕僚監部がイラク復興支援特別措置法成立後の二〇〇三年八月、派遣隊員が戦闘で犠牲になった場合を想定し、靖国神社への合祀が可能かどうか研究していたことが一二日、明らかになった。研究の過程で、合祀については「（陸自としての）組織的関与は難しい」との意見が出された。

　公務として特定の宗教法人への合祀可否を研究することは、憲法の政教分離に反し、公務員の憲法順守義務に抵触する恐れもある。一方、政府は自衛隊の海外派遣を常時可能とする恒久化法の整備を進めたい考えで、戦闘で自衛官が犠牲になった場合の国としての弔意の示し方について、今後議論を呼ぶ可能性もある。

　政府関係者によると、当時陸幕はイラクに派遣した自衛官が死亡した場合を想定し、遺体搬送や葬儀についての実施要項策定に着手。その際、靖国神社への合祀の可否が研究課題となった。

　二〇〇三年八月下旬に開かれた研究会で、合祀について「個人として祭られることは問題ないが、組織としての関与は難しい」との意見が出された。さらに、合祀可否について遺族への情報提供が必要との見解も出された。

　また、派遣部隊が所属隊員個々人の宗教を掌握することや、慰霊の際に読経を行うことについて法的な問題がないかどうかも併せて検討された。陸幕で検討していることが外部に漏れないよう、幹部が指示していた。

　防衛庁広報課は「そのような（研究をした）事実は確認できない」としている。

　殉職自衛官の合祀をめぐっては、山口県護国神社に合祀された自衛官のキリスト教徒の妻が、国などを相手に憲法の定める政教分離原則に反するとして、合祀取り消しを求め一九七三年に提訴。最高裁は八八年、護国神社合祀を合憲とした。

❖靖国神社の創祀【展示室5】❖

靖国は「安国」。「闇黒」の始まりです。

▲…「東京名所図絵　靖国神社」。1888(明治21)年の錦絵。

▲…殺風景だったころの靖国神社風景。

年表●靖国神社ができたころ

一八七〇（明治三）前年に暗殺された大村益次郎の弔祭を執行（私祭のはじめ）。

一九七一（明治四）霊璽簿を簿冊形式から、巻物形式に変更。以後、合祀祭ごとに霊璽簿を納める。高燈籠竣工。

一八七二（明治五）五月本殿造営竣工。一二月太陰暦を廃止、太陽暦を採用。

一八七三（明治六）兵部省廃止により、陸軍・海軍の管轄となる。徴兵令。

一八七四（明治七）明治天皇初めて靖国神社に。五月日本軍、台湾に上陸。

一八七五（明治八）台湾における戦没者一一名の招魂式。九月、江華島事件。

一八七六（明治九）江華島事件戦没者一名の招魂式。一〇月、神風連の乱・秋月の乱・萩の乱。

一八七七（明治一〇）二月、西南戦争開始。一一月、西南戦争の官軍側戦没者合祀のため臨時大祭。

一八七八（明治一一）一月、九六年以来の九州で戦没した地方官員・巡査、一一月竹橋事件の死亡者合祀。

一八七九（明治一二）六月、靖国神社と改称。別格官幣社に。

❖特別陳列室❖

遊就館本館建物の最奥に位置し、天上にはステンドグラスがはめ込まれた天皇・皇族関係の展示室。

北白川能久は、賊軍東武天皇から官軍の中将に転身しました。

北白川能久の露営図や、遺品などが飾られています。

▲…切手にもなった北白川能久。

北白川能久は戊辰戦争では、日光輪王寺門跡、天台座主として賊軍に担ぎ上げられた象徴でしたが、上野戦争に敗れ仙台まで敗走し奥羽越列藩同盟に参加しました。この時、東武皇帝あるいは東武天皇と称したと伝えられる逆賊のトップです。

その人が時を経て、天皇の忠臣として台湾侵略のトップとして台湾で病死します。

彼の孫の北白川永久も一九四〇（昭和一五）年、演習中に事故で墜落した日本軍戦闘機のプロペラに巻き込まれて死亡します。

皇族は古来、官幣中社が創建され祀られました。北白川の場合も、皇族として臣下を祀る格下の別格官幣社靖国神社には祀らず、能久の場合は、台湾に彼を祭神とする侵略神社が次々に創建されました。永久も、蒙橿神社が創建されます。

ところが北白川能久・永久を祀った神社が敗戦によりことごとく消滅したため、靖国神社は一九五九（昭和三四）年になって、「天皇の許可を得て、（わざわざ）招魂の儀を行い、（靖国神社の）本殿正座にお遷し申し上げ」合祀します。

それまでは二百万余祭神を靖国神一座という祭神の数え方をしていたものを、彼らのためにわざわざ、一座を新設し二座としました。靖国神社の性格を、たった二人

●台湾の祭神一覧

社格	社名	祭神	創建年月日
官幣大社	台湾	北白川能久 他三神	一九〇〇年 九月一八日
官幣中社	台南	北白川能久	一九二五年
国弊小社	台中	北白川能久 他三神	一九一一年 二月二八日
	新竹	北白川能久 他三神	一九一六年 九月二六日
	嘉義	北白川能久 他四神	一九二六年一二月二四日
県社	開山	鄭成功	一八九六年 七月二五日
	宜蘭	北白川能久 他四神	一九〇一年 三月 七日
	基隆	北白川能久 他六神	一九一一年 二月二三日
	高雄	北白川能久 他二神	一九一二年 二月 五日
	台東	北白川能久 他三神	一九一二年一二月二七日
	花蓮港	北白川能久 他三神	一九一五年 八月一九日
	阿緱	北白川能久	一九一八年 一月三一日
	澎湖	北白川能久 他三神	一九三四年 七月二三日
	（護国）	靖国神	

のために変えたのです。

わにザメの化身を母とする伝説上の初代天皇、神武天皇像と、「金鵄勲章」も展示されています【☞89ページ】。

【「金鵄」上がって一五銭】

【元歌】

金鵄《きんし》輝く日本の／栄《はえ》ある光身にうけて／今こそ祝へ／この朝《あした》／紀元は二千六百年／あゝ　一億の胸はなる

【替え歌】

「金鵄」上がって一五銭／栄えある「光」三〇銭／今こそ来たぜ／この値上げ／紀元は二千六百年／あゝ　一億の民は泣く

（「金鵄」「光」はタバコの銘柄です。）

日本サッカー協会（JFA）のシンボルマークである、三本足の鳥は、神武天皇御東征のとき八咫烏《やたがらす》が天皇軍隊の道案内をしたという神話からデザインされています。

臺灣神

明治三十四年十月十三日印刷　着作兼發行者　兵庫縣神戸市湊町四丁目四十二番邸ノ十六　寳來秀雄
仝　年十月十八日發行　印刷者　仝縣仝市湊町三丁目九十番邸　中西幾太郎

▶…台湾神社（のち神宮）創建期の銅版画に描かれた北白川能久（左）と神武天皇（右）。一九一一（明治三四）年刊。

❖日清戦争【展示室6】❖

植民地解放戦争という名の、実は植民地獲得戦争。

一八九四（明治二七）年五月、朝鮮で甲午農民戦争（東学党の乱）と呼ばれる農民反乱が起きました。

日本は、朝鮮政府からの派兵要請を受けていないにもかかわらず、一万人規模の大軍の出兵を決定します。

甲午農民戦争の停戦後、朝鮮政府は日清両軍の撤兵を要請しましたが受け入れず、日本は七月二三日には朝鮮王宮を占拠して、親日政府を組織させました。

清がこれに対して抗議して、対立は激化します。八月一日に宣戦が布告され、「日清戦争」が始まりました。

「日清戦争」の実態は、日本・中国・ロシアなどが朝鮮半島を植民地化しようとする戦争でした。

日清戦争とよばれますが、その戦場は朝鮮半島でした。

日清戦争は、英国らの支援もあり日本の勝利に終わり、その結果、下関条約（日清講和条約・馬関条約）が締結され、清国から日本に、戦争賠償金として三億円が支払われます。

この金額は当時、日本の国家予算の四倍にあたり、日本が使った戦争費用の一・五倍に相当したと言われています。

戦争という行為が「富国」になるということを知った日本は、さらに「富国強兵」政策に走ります。

この条約によって朝鮮王朝は大韓帝国となりましたが、日本は影響力を強め、外交権剥奪、保護国化を強要し、ついには一九一〇（明治四三）年、日韓併合条約により朝鮮半島を日本の植民地としてしまいます。

植民地解放戦争であるというスローガンが、日本の植民地獲得戦争であるという実態がこの事実からも明らかになります。

一八九五（明治二八）年下関条約が締結された。

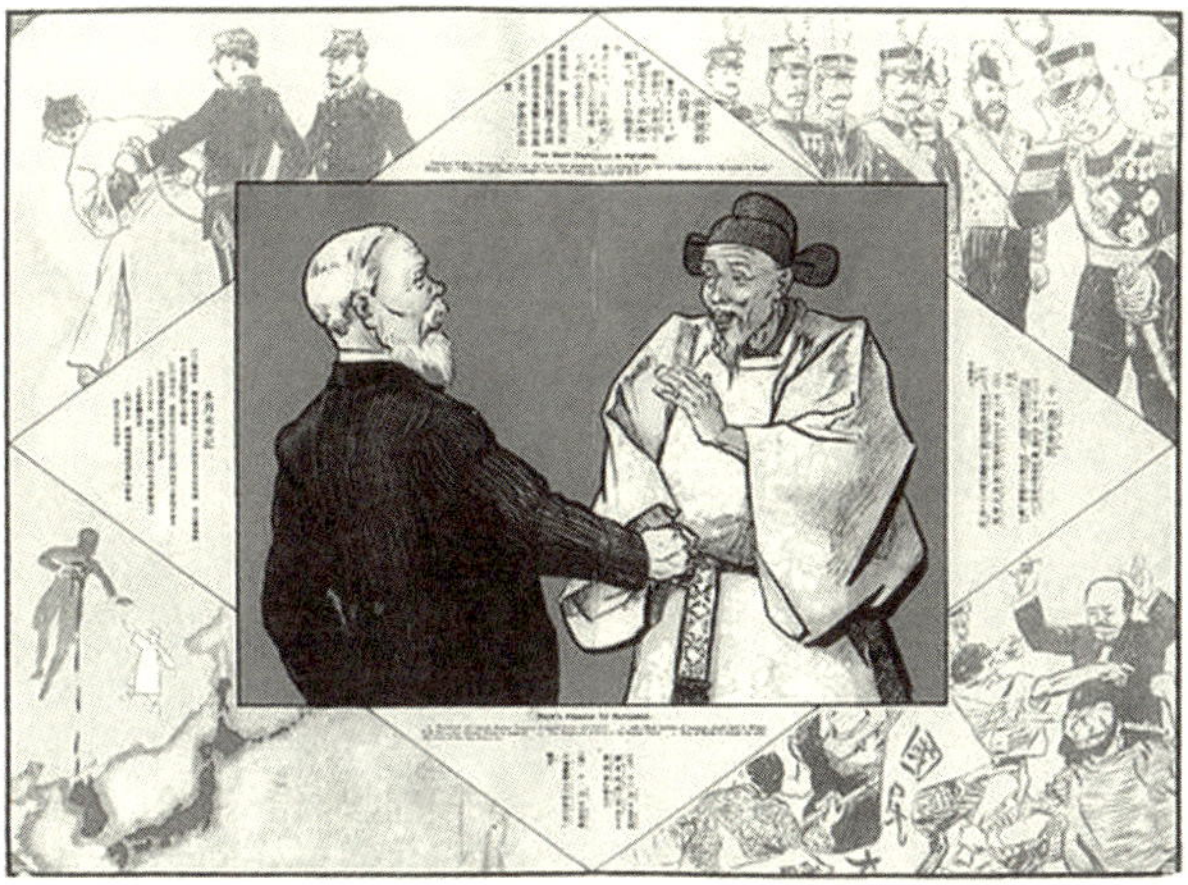

▲…「あの世で会った両雄の握手」『東京パック』1910（明治43）年11月。

「文禄・慶長の役」と呼ばれる朝鮮侵略を行なった豊臣秀吉と韓国併合後の初代韓国統監・伊藤博文が、握手しながら韓国併合を祝っている当時の時事漫画です。

豊臣「おや、伊藤公ではありませんか。意外に早くこちらへ来られましたね。貴公の胸に生じた傷は何よりも貴重な勲章です」

伊藤「偶然起きた事件のため、こんなに早くあの世へ来ることにはなりましたが、三〇〇年前貴公が初めて見せた意志を、今日ようやく成し遂げました」

安重根に狙撃された伊藤の血が朝鮮半島を赤く染めていく図柄になっています。

【下関条約】

清国は、朝鮮国が完全無欠なる独立自主の国であることを確認し、独立自主を損害するような朝鮮国から清国に対する貢・献上・典礼等は永遠に廃止する。

清国は、左記の土地の主権並びに該地方にある城塁、兵器製造所及び官有物を永遠に日本に割与する。

清国は、遼東半島、台湾、澎湖諸島を日本に割譲する。

第四条　清国は、賠償金二億両（約三億円）を日本に支払う。

清国は、沙市、重慶、蘇州、杭州を日本に開放する。

第六条　清国は、日本に最恵国待遇を認める。

支那凱旋
明治廿七年十一月廿八日印刷同年十二月八日發行
凱旋門
元山枝隊
海戦の準備
鴨緑江
左寶貴
大院君入城
公使の談判
大鳥公使

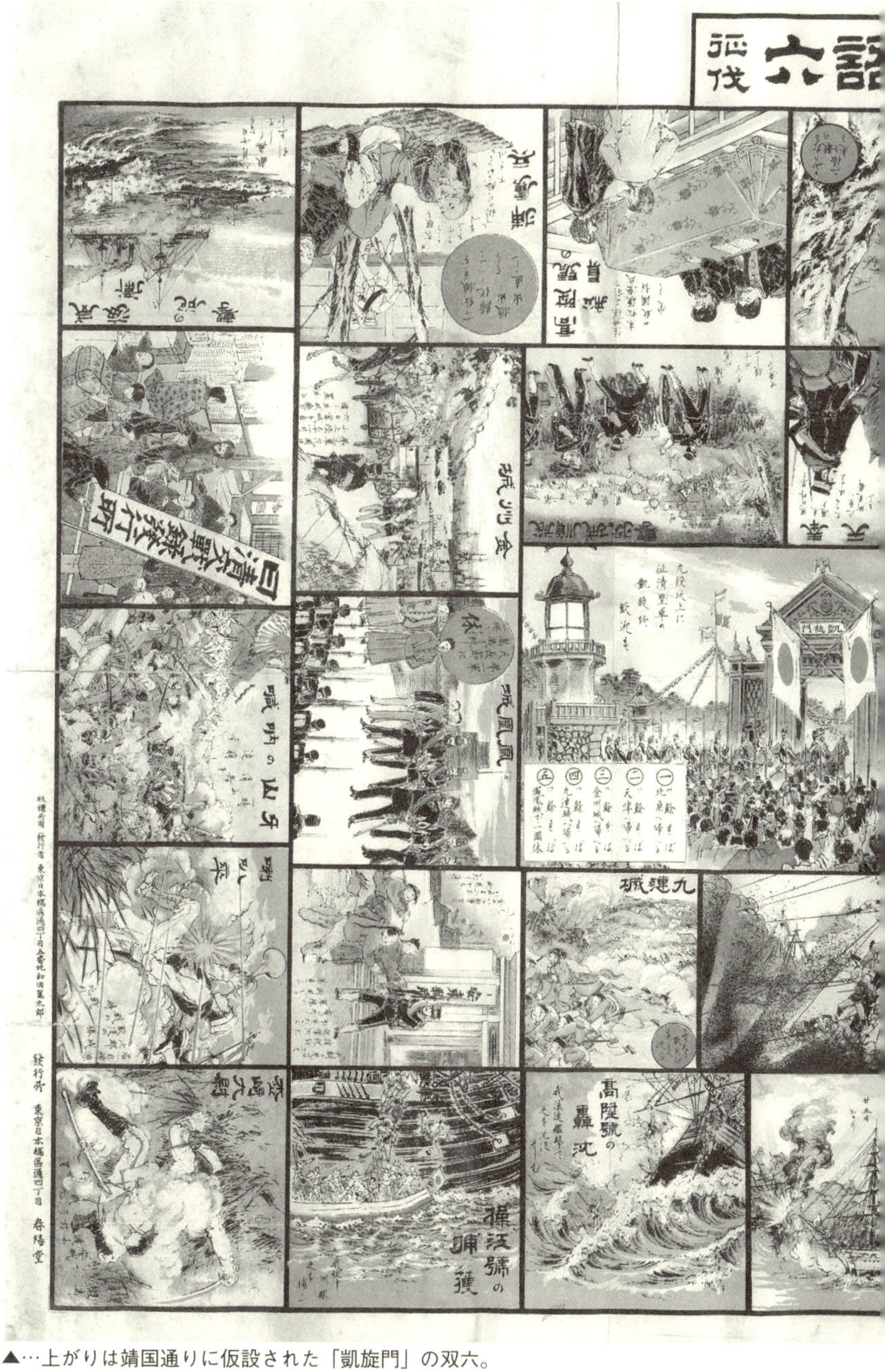

▲…上がりは靖国通りに仮設された「凱旋門」の双六。

❖日露戦争パノラマ館【展示室7】❖

日露戦争後、東京では新橋・浅草・新宿・京橋・青山などいたるところに仮設の凱旋門が建てられた。

日露戦争の戦場は、日本でもロシアでもなく、朝鮮半島と中国でした。

ロシアとの戦争を必至と考えていた日本では、一九〇一（明治三四）年に出征軍人遺家族・傷痍軍人援護の目的で、愛国婦人会が結成され戦争準備が街の隅々にまで浸透し始めます。

日英同盟が一九〇二（明治三五）年に締結され、一九〇四（明治三七）年二月一〇日、日ロ両国が宣戦を布告します。旅順口二〇三高地を占領。奉天会戦を経て、日本海海戦において連合艦隊はバルチック艦隊に完勝し、日本側の制海権が確定します。七月三一日樺太を占領。休戦が成立しました。

ロシアでは、政情不安が増大し、日本も戦争継続する力を使い果たしていたため、一九〇五（明治三八）年一〇月ポーツマス条約を締結し、講和します。

日本側は一九ヵ月に及ぶ戦争を、アメリカ資本も購入した国債という借金でまかないました。その費用は一七億円に上りました。

戦死傷者三八万人。陸軍の白米を主食とする栄養補給知識の欠如から、脚気患者が多発し、その数二五万人、病死者も約三万人に達しました。

有名な旅順攻撃でも、一万五四〇〇人の戦死者、四万四〇〇〇人の負傷者を出しています。

靖国神社では、早くも一九〇五（明治三八）年五月二日、日露戦争戦没者のための招魂式を行います。それまでは、一八九八（明治三一）年の招魂式で、日清戦争及び台湾・朝鮮における戦死・戦病死者合祀数一万千余名が最高だったのですが、三倍の三万八百余名の招魂式のため、新たに拝殿南側に招魂斎庭【☞104ページ】を新設して、参列遺族などの増加に対応します。

▲…靖国神社に建てられた凱旋門。

▲…新橋に建てられた凱旋門。

❖日露戦争から満州事変【展示室８】❖

満州事変の後に清朝の宣統帝を元首とする満州国が建設されたが、現在は中国が支配し東北部と称している。（展示解説）

いくさいやだよ（一九三一年）満州事変。

二〇〇七年一月一日靖国神社は、満州事変の展示解説を「関東軍が満州全域の軍事占領を図った」から「関東軍によって引き起こされた」に修正しました。関東軍が「満州国を建国した」も「満州国建国を扶《たす》けた」と修正されましたが、遊就館の解説でさえ、侵略であることを隠し切れないのです。

一九三一（昭和六）年九月一八日、関東軍が柳条湖（奉天郊外）で南満州鉄道を爆破し、中国軍の仕業に工作するとともに、張学良の責任として軍事行動を開始します。一九四五年敗戦を迎えるまでの一五年戦争の始まりです。

一九三二（昭和七）年には、日本のカイライ政権である満州国の成立が宣言されます。満州国の建国理念は「五族協和」「王道楽土」というものでした。

日本・朝鮮・満州・蒙古・支那の五民族が協力して、王道に基づいて理想国家（楽土）を建設する事でしたが、一九三三（昭和八）年に締結された「日満議定書」では、日本の南満州鉄道などの特殊権益を認めさせることはもちろん、政治・軍事の要所は日本人で固め、開拓団という名で多数の日本人移民団を送り込み、現地の農民から土地を取り上げ、石炭などの資源を収奪しました。

遊就館の解説には英語の解説もついています。「満州事変」の日本語解説では「米国政府は、国内の反対をおさえて積極的に介入し、日本孤立化の外交戦略を展開した」という文章がありますが、英語の説明文では、「米国政府は……」以下の部分はありません。対米関係だけを重視した歴史隠蔽解説です。

▲…「日本満州見学地理」（部分）『少年倶楽部』1935（昭和10）年５月号付録。

▲…「大日本帝国」切手に描かれた「満州・建国神廟」。

▲…満州「建国神廟」創建記念章。

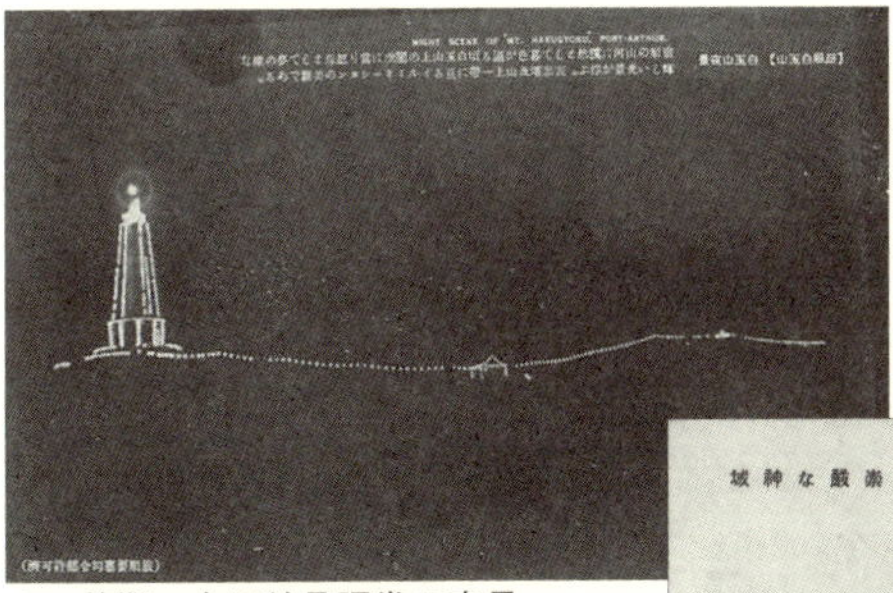

▲…旅順・白玉納骨祠堂の夜景。

▼…ハルビン神社絵はがき。

▲…「満州帝国皇帝陛下登極大典」『アサヒグラフ』1934（昭和9）年3月14日号。

【中国東北部の正統な統治者は誰】

「満州の歴史」の展示解説では高句麗の時代（紀元前三七年頃〜六六八年）から一九三二年の満州国建国までが地図と共に説明されていますが、一九四五年以降の地図は展示されていません。

「現在は中国が支配し東北部と称している」ということは、中国東北部の正統な統治者が、中国以外にいるような表現になっています。現在の中国共産党政権を容認していないような表現です。

しかし、台湾・国民党政府が正統な統治者であるとか、清朝の末裔による帝政が正しい統治形態である。とも言っていない、なんともおかしな表現です。

日本に言い換えれば、「一八七二（明治五）年、明治政府は、琉球王国を廃止し琉球藩とし、一八七九（明治一二）年、軍隊を派遣して琉球藩の廃止を宣言した（第二次琉球処分）。現在は日本が支配し沖縄県と称している」というような表現になると思います。

【琉球王国の地位】

琉球王国の地位に関する質問主意書に対する答弁第七九号

内閣総理大臣　安倍晋三

二〇〇六（平成一八）年一〇月二四日

――琉球処分の定義如何。

いわゆる「琉球処分」の意味するところについては、様々な見解があり、確立した定義があるとは政府として承知していないが、一般に、明治初期の琉球藩の設置及びこれに続く沖縄県の設置の過程を指す言葉として用いられるものと承知している。

――政府は、一八六八年に元号が明治に改元された時点において、当時の琉球王国が日本国の不可分の一部を構成していたと認識しているか。明確な答弁を求める。

沖縄については、いつから日本国の一部であるかということにつき確定的なことを述べるのは困難であるが、遅くとも明治初期の琉球藩の設置及びこれに続く沖縄県の設置の時には日本国の一部であったことは確かである。

❖御羽車【展示室9】❖

招魂された霊璽簿を運ぶ御羽車が展示され、合祀祭当日のＮＨＫ実況放送が流されています。

靖国神社の祭神は、誰が決めているのか？

一九四五（昭和二〇）年の敗戦までは、陸海軍で「祭神」候補者を選考し、天皇の裁可を得て、祭神が決まりました。敗戦後は厚生省（現在の厚生・労働省の前身）が候補者名簿を作成し、靖国神社に連絡していました。

厚生省で、祭神候補者名簿の作成を担当していた責任者は美山要蔵という人で、戦前、陸軍省高級副官として合祀者名簿作成を担当し、戦後は、厚生省復員局次長を務め、引き続き合祀者名簿事務に携わりました。戦前・戦後の溝はなかったのです。

国が宗教法人靖国神社の事務を手伝うことは、憲法違反行為ですが、現在も、厚生・労働省で靖国神社が候補者名簿を閲覧、確認して、天皇に報告することによって祭神が決定されています。

▲…JOAKによる実況放送と奉迎の儀仗隊。

【靖国合祀基準・東条元首相が厳格化】

第二次世界大戦末期、東条英機首相(兼陸相)=当時=が「戦役勤務に直接起因」して死亡した軍人・軍属に限るとする靖国神社合祀(ごうし)基準を陸軍秘密文書で通達していたことが五日までに分かった。

文書は、靖国への合祀は「戦役事変に際し国家の大事に斃(たお)れたる者に対する神聖無比の恩典」と位置付け、合祀の上申は「敬虔(けいけん)にして公明なる心情を以(もっ)て」当たるよう厳命。原則として戦地以外での死者は不可としている。元首相自身の戦中の通達に従えば、戦後の同元首相らA級戦犯は明らかに「合祀の対象外」となる内容だ。

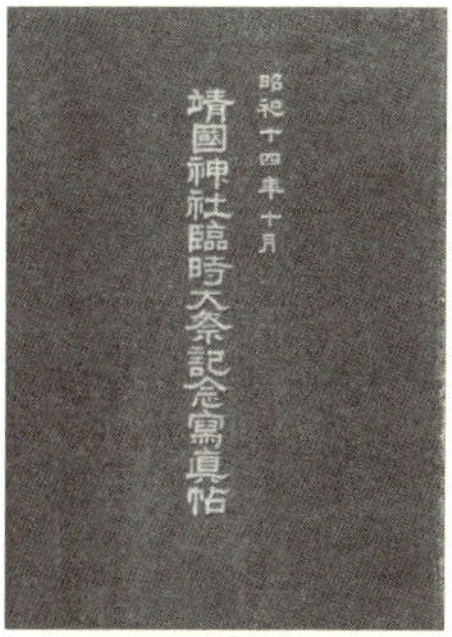

▲…立派な「臨時大祭写真帳」が発行されました。遊就館に展示されているのは1937(昭和12)年版。

文書は一九四四年七月十五日付で「陸軍大臣東条英機」名で出された「陸密第二九五三号　靖国神社合祀者調査及上申内則」。原稿用紙二十九枚分で、原文のカタカナをひらがなに直して戦後に書き写したとみられる。

文書は、戦死者、戦傷死者以外の靖国神社への「特別合祀上申」対象者として(1)戦地でマラリア、コレラなどの流行病で死亡した者(2)戦地で重大な過失によらず負傷、病気の末に死亡した者(3)戦地以外で戦役に関する特殊の勤務に従事し負傷、病気の末に死亡した者——の三つの要件に限定。「死没の原因が戦役(事変)勤務に直接起因の有無を仔細(しさい)に審査究明すること」を命じている。

(『東京新聞』二〇〇六年八月六日)

❖支那事変【展示室10】❖

盧溝橋の小さな事件が中国正規軍による日本軍への不法攻撃、そして日本軍の反撃で北支那全域を戦場とする北支事変となった。背景には日中和平を拒否する中国側の意思があった。（展示説明）

「中国正規軍による日本軍への不法攻撃」の展示解説は、二〇〇六年一月一日削除されました。

「日中和平を拒否する中国側の意思」も「中国側の反日機運」に書き換えられました。

南京大虐殺は一九三七（昭和一二）年一二月一三日南京市陥落の翌日から、約六週間にわたって行われた南京城の城内・城外での日本軍による、大規模な残虐行為を言います。

『南京事件』の解説では「松井は『厳正な軍規、不法行為の絶無』を示達した。敗れた中国軍将兵は退路の下關に殺到して殲滅された。市内では私服に着がえて便衣隊となった敗残兵の摘発が行なわれたが、南京城内では、一般市民の生活に平和がよみがえった」とされています。

「南京城内では、一般市民の生活に平和がよみがえった」という文章も、二〇〇六年に削除されましたが、見出しが「平和が甦る」とある当時の新聞は展示されたままです。

戦後、松井司令官が「戦闘しつつ捕虜ができるから捕虜を始末することができない。それでちょん斬ってしまうことになった」と発言していることの解説は見当たりません。

「南京攻略時、数万の市民に対する略奪強姦などの大暴行があったのは事実である」（岡村大将回想録）という資料も展示されていません。

「示達」したから不法行為は絶無だった論が通るなら、飲酒運転も絶無のはずです。

一階の売店では南京大虐殺否定論の本だけが並べられています。このような本を読むと、南京大虐殺はなかったという結論に達するようになっています。

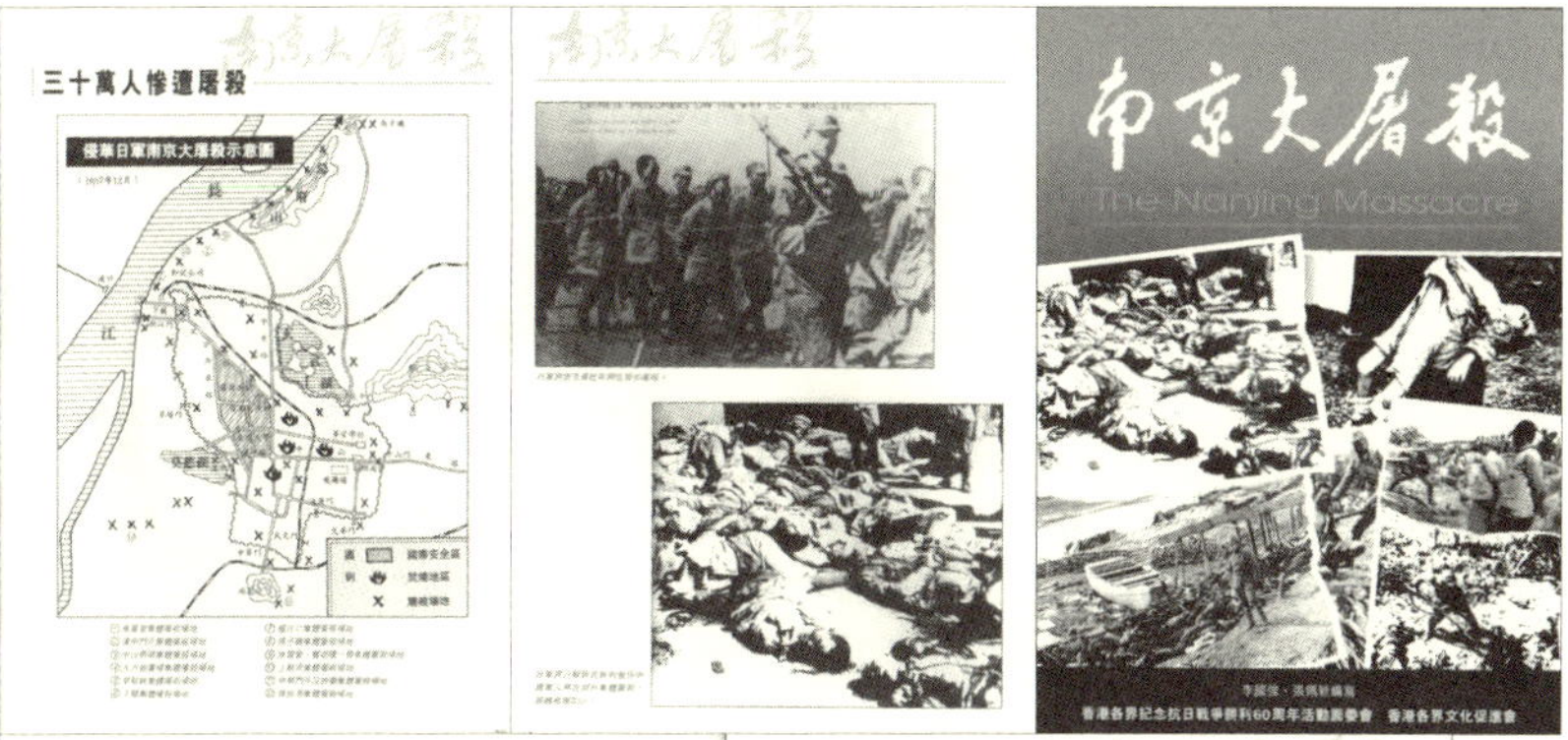

◀…香港で出た写真集『南京大屠殺』より。

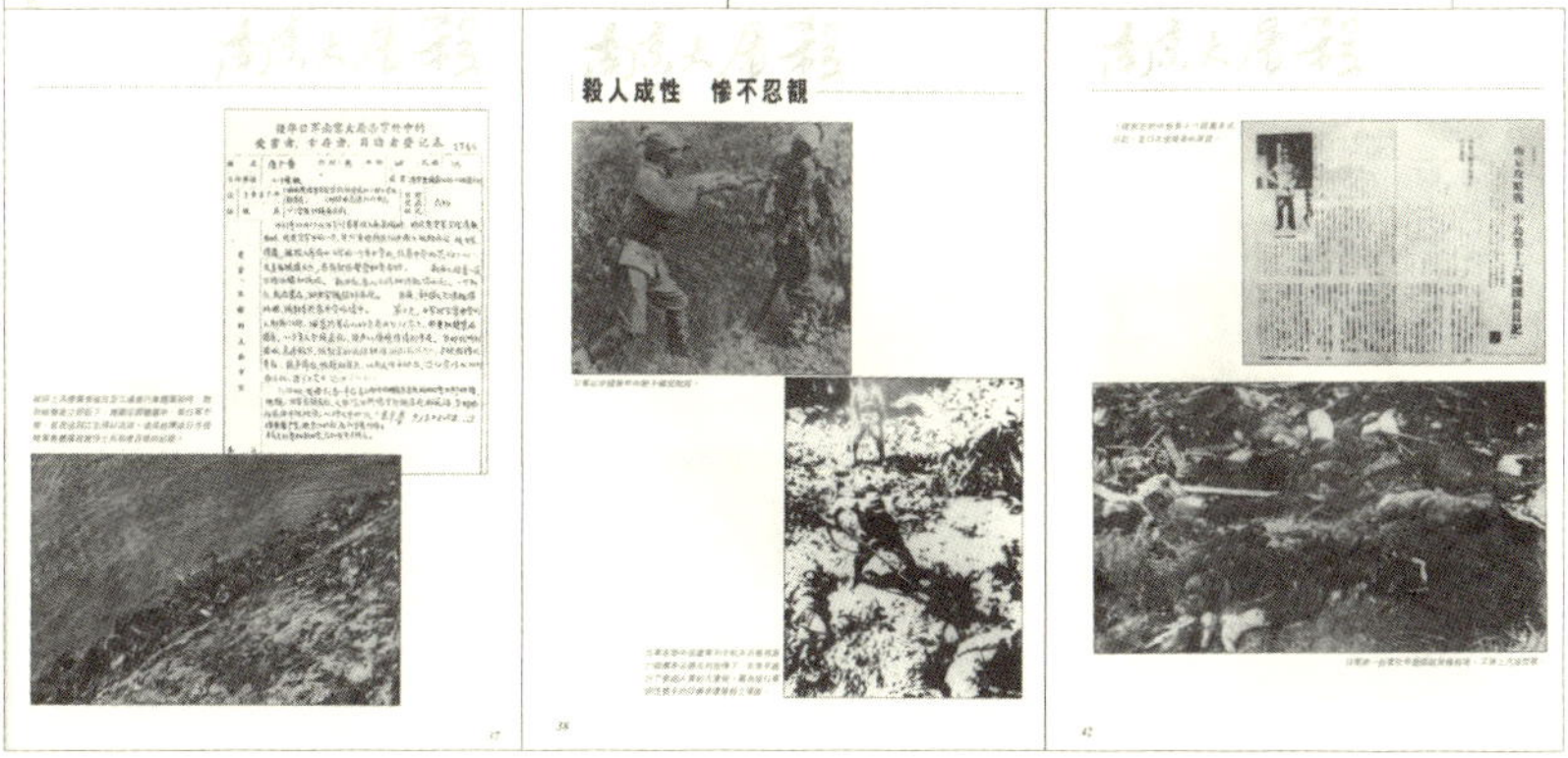

❖一階　日米開戦【展示室11】❖

ルーズベルトに残された道は、資源に乏しい日本を、禁輸で追い詰めて開戦を強要することであった。そして、参戦によってアメリカ経済は完全に復興した。（展示解説）

二〇〇七年に展示解説が書き換えられました。

遊就館の解説文作成の基本姿勢は、「史料を以て語らしむ」との事ですが、「靖国史観」「遊就館史観」に沿った資料で、解説を作成する姿勢が変わったわけではありません。

『ルーズベルトの大戦略』が、『ルーズベルト外交とアメリカの大戦参加』と書き換えられています。

書き換え前は、「大不況下のアメリカ大統領に就任したルーズベルトは、三選されても復興しないアメリカ経済に苦慮していた。早くから大戦の勃発を予期していたルーズベルトは、一九三九（昭和一四）年には米英連合の対独参戦を決断していたが、米国民の反戦意志に行き詰まっていた。米国の戦争準備『勝利の計画』と英国・中国への軍事援助を粛々と推進していたルーズベルトに残された道は、資源に乏しい日本を、禁輸で追い詰めて開戦を強要することであった。そして、参戦によってアメリカ経済は完全に復興した」。

書き換え後は、「米国の世論、議会も日米通商航海条約廃棄など対日制裁の強化を支持し、ついには戦争の直接原因となる石油禁輸に至る」という論調になっています。

「日米交渉」パネルでは、「ハル四原則」「ハル・ノート」「スチムソン日記」の和英文、「開戦の詔書」英文を新たに展示しています。

『支那事変・総攻撃』という当時のニュース映画もエンドレスで流されています。映像と、アメリカの対日政策を際立たせることにより、日本は侵略戦争をしていない、鬼畜米英戦争も、止むに止まれず開戦に至ったという、日本絶対善人論が刷り込まれるようになっています。

【『支那事変・総攻撃』】

映像は「一九三七（昭和一二）年八月六日の通州事件から北平入城、青島居留民の引揚げ、戦火は北支に広がり、関東軍出撃まで」の記録ですが、「通州事件」と言っても、ほとんどの人が知らないと思います。

一九三七（昭和一二）年七月二九日、約三〇〇〇人の冀東防共自治政府保安隊が、日本軍留守部隊約一一〇名と日本統治下だった朝鮮半島出身者、婦女子を含む居留民約四二〇名を襲撃し、約二三〇名が虐殺された事件です。関東軍は、カイライ満州国を建国した後、満州（国）と中国の境界付近の通州に、地方軍閥を抱き込んで「冀東防共自治政府」という地方版カイライ政権を作り、ここを中国に対する密貿易の窓口として、アヘン貿易などの拠点としていました。冀東防共自治政府保安隊は、その軍事組織です。

関東軍はカイライ政権の寝返りに動転して、マスコミ操作を行い、カイライ冀東防共自治政府保安隊の名前を出させず、日本の新聞には「中国人部隊」と掲載させて日本人の反中国感情を煽りました。

▲…三国同盟の首脳たち。ヒトラー・ムッソリーニ・ヒロヒト。

❖真珠湾九軍神【展示室12】❖

全員決死の覚悟で、一名を残して皆、戦死を遂げ九軍神と讃えられた。（展示解説）

五艇×乗員二名＝九名？

真珠湾攻撃で使用された小型特殊潜航艇は、魚雷を二本装備、ただし航続距離が短いため作戦地点までは母艦潜水艦の前部甲板に乗せて輸送され、敵艦集結港への潜入攻撃に使用されたものです。

当時、主要艦艇の集結港入り口には、防潜網が設置されていたため、小型潜航艇で、防潜網が開かれる機会を逃さず潜入する戦法が考えられました。実際に潜入した例としては真珠湾のほか、オーストラリアのシドニー港や、マダガスカル島のディエゴワレス港があります。

大展示室に実物が展示されている「回天」は、自爆特攻兵器でした。真珠湾攻撃などで使用された小型特殊潜航艇は、建前上は魚雷攻撃後に帰還できるシステムでしたが、「全員決死の覚悟」と言われているように、乗員はいずれも未帰還に終わっています。

「一名を残して」の一名は酒巻和夫という人で、アジア・太平洋戦争で、日本人捕虜第一号となったのです。

戦前は、東条英機が発した『戦陣訓』の「生きて虜囚の辱を受けず、死して罪禍の汚名を残すこと勿れ」という標語が謳歌された時代でしたので、この事実は極秘とされ、国民がこのことを知ったのは戦後になってからでした。

真珠湾攻撃の場面は、写真の前にプラモデルのゼロ戦をぶら下げて、攻撃の模様を立体的に現して表現しています。

遊就館の展示では、一見子どもだましのようですが視覚的効果が高い展示手法であるジオラマを各所で採用しています。

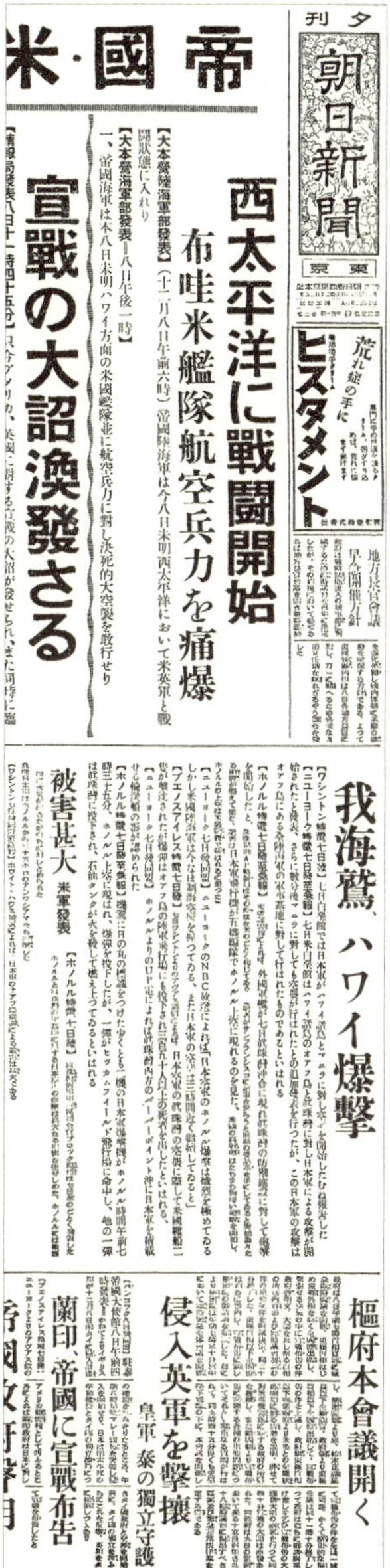
朝日新聞 夕刊

帝國·米

宣戰の大詔渙發さる

西太平洋に戰鬪開始

布哇米艦隊航空兵力を痛爆

【大本營陸海軍部發表】（十二月八日午前六時）帝國陸海軍は今八日未明西太平洋において米英軍と戰鬪狀態に入れり

【大本營海軍部發表＝八日午後一時】一、帝國海軍は本八日未明ハワイ方面の米國艦隊並に航空兵力に對し決死的大空襲を敢行せり

我海鷲、ハワイ爆撃

被害甚大 米軍發表

樞府本會議開く

侵入英軍を撃攘 皇軍 泰の獨立守護

蘭印、帝國に宣戰布告

▲…『朝日新聞』1941（昭和16）年12月9日付（発行は12月8日）。

【軍神】

戦意高揚キャンペーンに使われた用語で、「軍神」の定義はありません。日露戦争の際の広瀬武夫海軍少佐と橘周太陸軍少佐を出版物が軍神と称えたことが始まりと言われています。

一九三八（昭和一三）年徐州作戦で戦死した「西住戦車隊」の西住戦車長以降は、軍神の乱用防止のため軍が公式に軍神を指定するようになりました。

軍神の一人に、佐久間艇長がいます。彼は一九一〇（明治四三）年、潜水艦訓練中に事故死しています。

艦内で「誠に申し訳なし、小官の不注意により陛下の艇を沈め部下を殺す。誠に申し訳なし」との遺書を残します。遺書の内容が、軍人の誉れと讃えられ軍神とされますが、「訓練中」の事故死ということで、靖国神社の祭神にはされていません。

ところが、アジア・太平洋戦争開始直前、同じように潜水艦訓練中に事故死したノンフィクションライター山崎朋子の父は、戦前は靖国神社に合祀にされなかったにも関わらず、一九六三（昭和三八）年になって突然、合祀されます。遺族年金需給資格の拡大によって、厚生省の「合祀基準」に入ったと考えられます。

主婦之友愛国絵本『靖国の華』一九三九（昭和一四）年五月号では女性に対し、軍神の類語として宗教用語を総動員して「白衣の観音」「病院船の天使」などの美称が造語されています。

❖特攻【展示室13】❖

「外道の統率」（大西瀧治郎海軍中将）だった特攻が始まりました。

特攻出撃して故障によって帰還しても、特攻死を天皇に報告済みであるとして「生きていた英霊」は許されず、再度出撃する自殺特攻も強要されました。

特攻兵器も、小型舟艇（震洋）や海上特攻艇（まるれ）、小型潜水艦（回天）、グライダー特攻機（桜花）、小型潜航艇（海龍）、特殊潜航艇改造艦（蛟龍）などが次々と考案され、戦艦大和による自殺戦法も、水上特攻（天一号作戦）名で行われました。

潜水具を身につけて水中に潜み、棒の先につけた爆薬で上陸用舟艇を攻撃するという竹槍戦法の特攻（伏龍）も考案され、実戦配備に至りませんでしたが、器具不良のため、訓練中に事故が多発しています。

ガダルカナル・ニューギニア・インパールなどの飢餓戦も展示されています。

ガダルカナル島は（飢）餓島という字が当てはめられているように、日本から遠く離れた孤島で補給が続かず、上陸した総兵力約三万人のうち死者・行方不明者は約二万人に達し、このうち八割は餓死でした。ニューギニア戦線も同様に、投入兵力一万一〇〇〇人のうち七六〇〇人が、風土病や餓死で「戦病死」しました。

一九四四（昭和一九）年に強行されたインパール作戦でも、補給線を軽視した杜撰な作戦により、多くの兵士は餓死し、退却路は死体が散乱する状態から「白骨街道」「靖国街道」と言われました。

自らも病に倒れた山内正文師団長は、「撃つに弾なく今や豪雨と泥濘の中に傷病と飢餓の為に戦闘力を失うに至れり。第一線部隊をして、此れに立ち至らしめたるものは実に軍と牟田口の無能の為なり」と語っています。第一五軍司令官だった牟田口廉也は、作戦の失敗が濃厚となった時点で、単独帰国しています。

【日常の皇国臣民教育】

本居宣長の有名な歌の一節は特攻隊の隊名として使用されたというが、タバコの名称にも使用されている。

の

ごゝろを人とはゞ

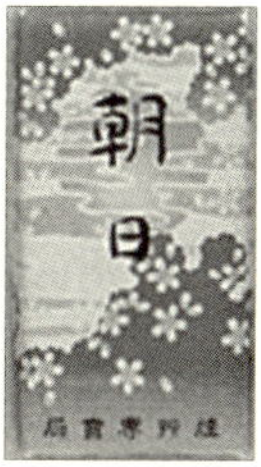

にゝほふ

花

【敗退ではなく転進です】

戦後、大風呂敷・大言壮語の代名詞になった「大本営発表」。

一九四三（昭和一八）年二月九日十九時。

一、南太平洋方面帝国陸海軍部隊は昨年夏以来有力なる一部をして遠く挺進せしめ、敵の強靭なる反攻を索制破砕しつつ、その掩護下に「ニューギニア島」及び「ソロモン」群島の各要線に戦略的根拠を設定中のところ既に概ねこれを完了し、ここに新作戦遂行の基礎を確立せり

二、右掩護部隊として「ニューギニア島」の「ブナ」付近に挺進せる部隊は寡兵克く敵の執拗なる反撃を撃攘しつつありしがその任務を修了せしにより、一月下旬陣地を撤し他に転進せしめられたり

同じく掩護部隊として「ソロモン」群島の「ガダルカナル」島に作戦中の部隊は昨年八月以降引き続き上陸せる優勢なる敵軍を同島の一角に圧迫し、激戦敢闘克く敵船力を撃推しつつありしが、その目的を達成せるにより二月上旬同島を撤し他に転進せしめたり

われは終始敵に強圧を加えこれを慴伏せしめたる結果、両方面とも掩護部隊の転進は極めて静粛確実に行われたり

❖合祀された子どもたち【展示室14】❖

少年少女や生まれて間もない子供たちも神さまとして祀られています。
（「やすくに大百科」）

生まれて間もない子どもたちが、靖国でまた会おうなんて言えるわけがありません。

生まれて間もない子どもたちは、母親が軍隊に強制的に協力させられた結果、母の背中や胸の中で死んでいったのです。小学生で神さまにされてしまった子どもたちも、兵隊だったわけではありません。

一九四四（昭和一九）年沖縄では、アメリカ軍の上陸が確実になったため、大勢の兵士のために食べ物が必要になり、戦力にならない子どもや老人は邪魔になると考え、七月、政府は、沖縄から県外へ一〇万人の老幼婦女子と児童を疎開させる決定をしました。

学童疎開船として古い貨物船対馬丸を利用して、八月二一日、小学生や先生など一七八八人を乗せて、長崎を目指し出航しましたが、翌日、アメリカの潜水艦の魚雷攻撃を受け対馬丸は沈められてしまいました。

一九六二（昭和三七）年、「沖縄戦戦闘協力死没者見舞金支給要綱」の中で「対馬丸の沈没の際、死没した沖縄の疎開学童の遺族」に限って見舞金が支払われることになりました。靖国神社が対馬丸の学童を合祀した根拠は、この法律に拠っています。

沖縄ではまた、鉄血勤皇隊という少年少女の軍隊も作られました。一四歳以上の生徒が鉄血勤皇隊として、伝令や通信、切り込み、急造爆雷（箱に火薬を詰めた爆弾）を背負っての特攻などを行いました。

鉄血勤皇隊は、「各学校ごとに鉄血勤皇隊を編成し、非常事態ともなれば直接軍組織に編入し戦闘に参加させる」方針で編成されましたが、編成されたのは、一九四五（昭和二〇）年三月三一日です。義勇兵役法が公布されたのは六月二二日ですから、生徒たちは法的根拠もないままに戦争に動員されたのです。

◀▲…対馬丸。

【義勇兵役法】

沖縄の戦闘は陸海軍将兵の鬼神をも哭かしめる勇戦敢闘にも拘らず、趨勢は我に不利にして、敵米軍はいよいよ本土上陸の野望を逞しうしてゐる。政府はこの戦局の重要性並に沖縄本島における戦闘の体験に鑑み国民の戦闘組織を確立して、皇土防衛の万全を期するため去る八七臨時議会に「義勇兵役法」を提出、協賛を経たが二二日上諭を仰ぎ同日同法施行令、施行規則並に国民義勇隊統率令を公布即日実施した。

上諭

朕は曠古の難局に際会し忠良なる臣民等勇奮挺身皇土を防衛して国威を発揚せしむとするを嘉し帝国議会の協賛を経たる義勇兵役法を裁可し茲に之を公布せしむ

第二条　義勇兵役は男子に在りては年齢一五年に達する年より年齢六〇年に達する年迄の者、女子に在りては年齢一七年に達する年より年齢四〇年に達する年迄の者之に服す

前項に規定する服役の期間は勅令の定むる所に依り必要に応じ之を変更することを得

「石原慎太郎氏の『日本よ』で、『なぜ大西中将や阿南陸相は合祀されていないのか』とありますが、両氏は靖国神社に合祀されています。おわびして、訂正します。」
（『産経新聞』二〇〇六年九月五日）

❖私兵特攻【展示室15】❖

大西瀧治郎、阿南惟幾よりも先に、一九五四（昭和二九）年に合祀された宇垣纒の展示解説もあります。

宇垣纒には「私兵特攻」という問題が、付きまとっています。宇垣は、八月一五日の敗戦の天皇放送を知りながら、「軍命令」で一一機（搭乗者一七名）の特攻を編成し、宇垣も搭乗こそしましたが沖縄へ向けて、部下を道連れにした強制自殺飛行を行ったのです。

天皇の敗戦放送を知った後の出撃命令ですから、「指揮官、休戦又は講和の告知を受けたる後、故なく戦闘を為したるときは、死刑に処す」（海軍刑法第三十一条、一九〇八年）に違反する行為です。

岡山県護国神社には宇垣の「忠魂碑」が建立されていますが、その碑文には、「挺身彗星機に搭乗して敵艦に突入壮烈なる戦死を遂げたり」と嘘までが刻まれています。

▲…大西瀧治郎。

▲…宇垣纒。

▲…阿南惟幾。

❖真岡電話交換手「九人の乙女」【展示室15】❖

ソ連軍は、一九四五年八月二〇日、樺太真岡に侵入した。真岡郵便局の女子電話交換手九名は、わが身を顧みず交換台を守り通し、ついに自決した。（展示解説）

女性だけだったのでしょうか。上司はどこにいたのでしょうか？

真岡局一階の通信室にいた男性職員を含む人たちは、ソ連軍に白旗を揚げて助けられています。

電話交換をもっとも必要としたのは軍隊でした。ほとんどの住民が日本に引き揚げる中で、電話交換手は決死隊として選抜され、上司の残置命令で交換台勤務に就いていたのです。命令を出した上司は、生き残って北海道に引き揚げますが、戦後、開催された慰霊祭への出席は、遺族によって断られます。

展示解説では、「停戦成立後の一九四五（昭和二〇）年八月二〇日」と表現しています。敗戦という言葉を使いたくなかったのか。靖国神社にとって、敗戦はいつなのでしょうか。

▲…サハリンの対岸、稚内市の公園にある「九人の乙女の像」。

❖戦後の各国独立地図【展示室15】❖

第二次世界大戦後の各国独立世界地図・一九四五〜一九六〇年。

朝鮮半島・台湾・満州・香港・マカオ・シンガポールは、植民地ではない？

展示されている世界地図には、一九七〇年までに独立した世界各地の植民地が、橙色（一九四五〜五四年）・黄緑色（一九五五〜五九年）・緑色（一九六〇年）・青色（一九六〇年以後）に色分けされています。

ところが、朝鮮半島・台湾・満州・香港・マカオ・シンガポールについては、色分けされていません。朝鮮半島・台湾・満州などは植民地ではなかったのでしょうか。

イギリスの植民地だった香港には軍を侵攻させたにも関わらず、一九九九年までポルトガルの植民地だったマカオを、なぜ、「解放」しなかったのでしょうか。ポルトガルが「中立国」ということを利用して、軍需物資の調達などに利用するためでした。

▲…シンガポール中心街にある「血債の塔」（日本占領時期死難人民記念碑）。

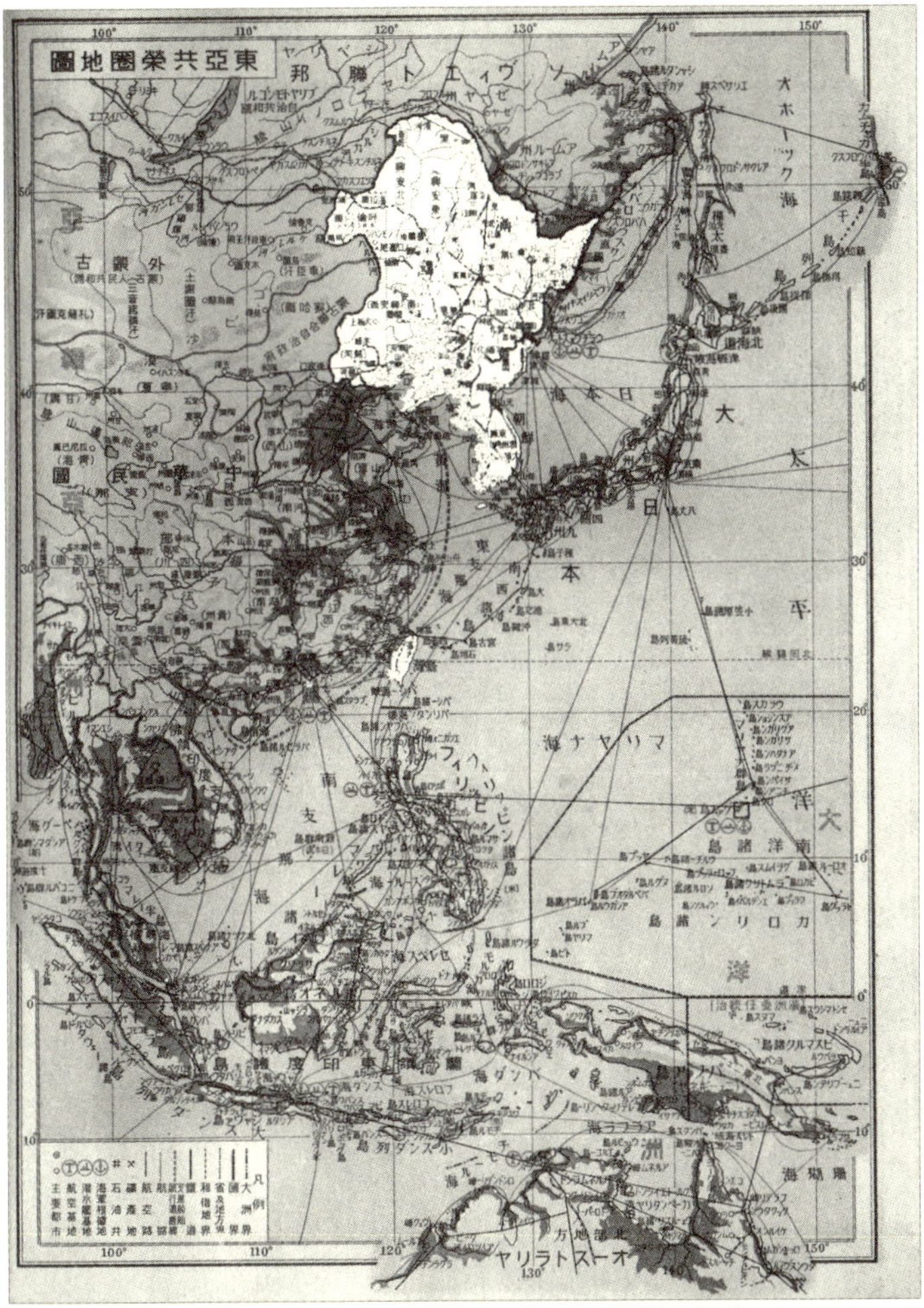

▲…この地図で白抜きになっている部分は、1945 年以前は何だったのでしょう（「大東亜戦争便覧」1942 年、軍事普及会刊所載の地図を加工）。

❖重慶夜間爆撃【画廊】❖

作戦会議の場面の絵が掲げられています。

爆弾投下の作戦会議の絵を見ただけでは、被爆の実態はわかりません。

重慶は一九三八（昭和一三）年一二月から一九四一（昭和一六）年九月にかけて、日本軍により二一八回に及ぶ無差別絨毯爆撃が行われました。中国側の資料では死者一万一八〇〇人、家屋の損壊一万七六〇〇棟といわれています。無差別絨毯爆撃は戦略爆撃と言われ、前線の敵部隊ではなく、後方の一般市民が住む都市へ組織的な集中爆撃を加え、産業基盤を破壊し住民を殺傷する事で、戦争を継続しようとする相手国の経済力や戦意をなくさせようとする戦法です。

世界で初めて無差別絨毯爆撃が行われたのは一九三七（昭和一二）年、ドイツ軍によって行われたスペイン・ゲルニカに対する爆撃です。ピカソの『ゲルニカ』は、この爆撃の恐怖と歴史を告発するために描かれました。

第二次世界大戦のヨーロッパ戦線で行われた最大規模のものは一九四五（昭和二〇）年、ドイツの都市ドレスデンに対する無差別絨毯爆撃です。この爆撃で、ドレスデンの街の八五％が破壊され、三万とも一五万とも言われる一般市民が死亡しました。

日本でも米軍による無差別絨毯爆撃が行われましたが、一九四五（昭和二〇）年三月一〇日に行われた東京大空襲では、八万人以上が死亡し東京は焼け野原になりました。八月六日、世界で初めて核兵器を使用した都市無差別爆撃が行われ、十数万人が死亡し、広島は壊滅しました。九日には、長崎にも原爆が投下され、当時の人口二四万人（推定）のうち約一四万八〇〇〇人が死傷、建物の約三六％が全焼または全半壊し、長崎の街も壊滅しました。

▲…重刑爆撃の「戦果」を伝える同盟通信社写真ニュース。

【「重慶大爆撃」、日本政府に一人一千万円の賠償請求】

日本による中国侵略戦争の中で、重慶の空襲で負傷など悲惨な被害を受けた中国人四〇人が三〇日、日本政府に官報への謝罪声明の掲載と、一人あたり一千万円の損害賠償を求める訴訟を東京地裁に起こした。

原告団は訴状の中で、一九一一年に日本が批准した「ハーグ条約」（武力衝突の状況下での文化財産保護に関する条約）は、無防備の都市を攻撃してはならないと定めており、しかも当時すでに空襲対象を軍事目標に限定する関連法案が国際的にあったことから、日本軍による無差別爆撃は「ハーグ条約」などの国際条約に違反する戦争犯罪行為にあたると指摘している。

原告団の鄭友預・秘書長は「原告の心の中では、現在もなお戦争は終わっていない。小泉首相が靖国神社に参拝するシーンをテレビで観ると、父親を殺害した仇《かたき》を参拝しているように感じる。われわれの感情を踏みにじるこうした行為は、いつまで続くのか」と語る。

提訴の目的については「日本人に歴史と向き合ってもらい、最後には日本人と中国人が心の底から手を取り合えるようにすること」と説明した。

（「人民網日本語版」二〇〇六年三月三一日）

❖卓庚鉉【展示室16】❖

卓庚鉉の展示解説には遊就館の解説のなかで唯一、ハングルが併記されています。

部屋の片隅の展示ケースの中に、朝鮮半島出身祭神と、台湾出身祭神の二人の遺影が展示されています。

光山文博命（本名・卓庚鉉）朝鮮出身。高倉健主演の映画「ホタル」で、出撃の前夜に「アリラン」を歌い、朝鮮人特攻兵のモデルになった人物です。

戦後、旧厚生省は旧植民地出身の戦没者について、靖国神社には通知しましたが、旧植民地出身者の遺族には戦没通知が届けられませんでした。

厚生労働省は現在、「政府は情報提供を行政サービスとして行ってきただけ。プライバシーの問題があり、（靖国への通知について）今は行っていない」と言っていますが、憲法に定められた政教分離違反行為を行っていたことは明らかです。

靖国神社は、旧植民地出身者の遺族に何の断りもなく「戦死した時点では日本人だったのだから、死後日本人でなくなることはあり得ない」として合祀し、遺族の合祀取り下げ要求にも一切、応えていません。「霊璽簿」には、日本名で記されています。悪名高い創氏改名が、現に靖国神社では生き続けています。

日本人遺族には、遺族年金などの手厚い援護が行われていますが、旧植民地出身者の遺族には、日韓請求権協定などで解決済みとして、一切の義務を放棄しています。

「靖国の宮に、み霊は鎮まれど、おりおり帰れ、母の夢路に」という弔電も展示されています。

「お母さん、お母さん……」と二四回も母親の写真の裏に書き連ねられた一兵士の遺文に感動した上官が、打電したものです。

しかし、天皇を守る護国の神として呪縛されている祭神は、「母の夢路」にも帰れません。

【旧植民地（朝鮮半島）出身側と靖国神社との交渉】

（神社側）「返してほしいというのは、具体的に何をですか?」

（旧植民地出身側）「魂だ。」「特に生存者はもってのほかだ。（生存しているのに合祀された）二人のうち一人は現在も生きている。二重三重の屈辱だ。」

（神社側）「よりしろに宿っている霊魂なので、○○の御霊が宿っているという控えから削除します。名前を消します。」「日本人の生存者でも霊魂は宿っていないわけで、簿冊からは消します。生存しているということは、もともと魂が来ていないということです。」「生存しているということが証明できる住民票やその後亡くなったのであれば除籍簿があれば削除します。」

（二〇〇二年四月）

▲…台湾の原住民によって靖国神社に対する行動が連続して取り組まれている（上から2005年、2006年の行動、「還我祖靈」のポスター）。

❖遺影【展示室16〜19】❖

展示室に入ると掲示されている「靖国の神々」の英訳は、
Mementos of War Heroes.

神々の英訳が「戦争の英雄の想い出の品々」ですか。関係者から寄贈された「遺影」が、展示室一六から延々と続き、遺影を見つけやすいように氏名索引も各所に置かれています。

ところで、靖国神社の神々の正確な数は何人と思いますか。

靖国神社は戦争の結果、飢えや病気などで死んだり殺されたりして神とした人数を二〇〇四年一〇月現在で、二四六万六五三二人と発表しています。

ところが、この数字は、毎年発表される新たな合祀数を足しているだけなのです。当然この数の中には小野田寛郎など「生きていた英霊」も含まれていますが、差し引かれていません。

「生きていた英霊」の人数も不明でしょうから、正確な祭神数字も不明です。

◀…臨時大祭で遺族に配布された慰霊写真用の写真立て。

【靖国合祀の名簿　厚生省担当課が〝独断〟提供?】

靖国神社のA級戦犯合祀（ごうし）の手続きとして、旧厚生省が一九六六（昭和四一）年、氏名や階級、死亡日時などを記した公的名簿「祭神名票」を神社側に提供する際、担当課だけの〝独断〟で決定していたことが八日分かった。

佐賀市在住で当時、同省事務次官だった牛丸義留氏が「名簿送付を知ったのは合祀後で、相談を受けたこともない」と証言。中韓両国が強く反発、昭和天皇も不快感を示したとされる合祀問題だが、国レベルの論議が不在だったことを浮き彫りにしている。

戦没者の合祀は旧厚生省が「祭神名票」を提供、神社側が合祀基準に照らし審査する。当初、A級戦犯はこの基準にはなかったが六五（昭和四〇）年度、神社側が基準に該当しない戦没者名簿の提供も要請。これを受ける形で同省は六六年二月、A級戦犯一二人（後に二人追加）の祭神名票を神社側に送った。

当時、事務方トップだった牛丸氏は「名簿送付は通常の合祀手続きとして処理したにすぎず、省を挙げて検討する問題ではなかった」と証言。

そのうえで「あくまで元軍人が多かった当時の援護局内部の問題。もし、事務次官まで論議にかかわれば、（A級戦犯合祀を）『国の判断』でやることになり、かえって処理に困る。問題を小さく処理するための現場の方策だったのかもしれない」と話した。

合祀手続きを担当した当時の援護局調査課には、GHQが公職追放から除外した旧陸・海軍の元軍人が多数在籍していたという。

同課の業務を受け継ぐ厚労省社会・援護局業務課の調査資料室は「当時の資料には事務次官にうかがいをたてた記録はない」と牛丸氏の証言を裏付け、「前年度に名簿提供の範囲が広がったことを考えれば、上の判断を仰ぐべきだが、従来業務の延長ととらえ課内で処理した可能性もある」と説明する。

自身の在職中の事務手続きが、外交問題にまで発展している事態について、牛丸氏は「当時の常識から考えれば、決して間違った取り扱いをしたとは思っていない。ただ、あのころしっかり協議していれば、後にこうした批判を受けることもなかった。ちょっと軽率なところがあったのかもしれない」と語った。

（『佐賀新聞』、二〇〇六年八月九日）

❖千人針【展示室17】❖

一mほどの白い布に赤糸で、千個の縫い玉を作る弾よけです。

「千人針」を戦地で腹巻きとして使用すると、ノミやシラミの巣になりました。

千人針の起源は不明ですが、「虎は、千里を往って、千里を還る」ということわざから、戦場からの生還を祈念して始まったようです。

日清・日露戦争の頃には、すでに布に糸で結び目を作ることが始まりました。普通は一人の女性が一つの縫い玉を作るのですが、ことわざに掛けて寅年の女性は、年齢の数だけ縫い玉を作れるとされたため、寅年で年配の女性は引っ張りだこになりました。

一五年戦争が始まると、動員される兵士の数もうなぎのぼりとなり、家族が街頭に立って、「千人針」を作るようになりました。

当時は、無事に帰還するよりも、戦死して「英霊」になることが誉れとされていましたが、家族の本心は、「千里還る」にあったことを「千人針」は証明しています。

帰ってきてください、という言葉を、千人針に直接縫いとることはありませんでしたが、五銭玉や一〇銭玉を縫い付け「四銭(死線)を越える」、「九銭(苦戦)を越える」との願いを込め、虎の形に縫いとるなど庶民の願いが、いろいろな形で表されています。

一五年戦争以後は、虎の絵柄が描かれた手拭いや、糸や針をセットで商品化したものも出回るようになったといいます。

展示されているものは「南無阿弥陀仏」と書かれた字に沿って、縫い玉が縫いこまれています。

弾よけ迷信は千人針に限らず、神社の中には「弾除け」の利益があると伝えられ、徴用された兵士達が出征前に家族と共に列をなして祈願に訪れた、山口県の三坂神社などの例もあります。

▲…千人針風景（当時の絵はがきから）。

❖花嫁人形【展示室18】❖

> 妻も娶らず逝ってしまった貴方を思うと涙新たに胸がつまります。今日ここに日本一美しい花嫁の桜子さんを貴方に捧げます。母が息子に嫁がせた花嫁人形。（展示解説より）

靖国神社の中心思想は「醜《しこ》の御盾《みたて》」になることです。醜の御盾とは、天皇の盾となって外敵を防ぐ意味の言葉で、万葉集の今奉部與曾布という人の歌「けふよりはかえりみなくて大君の醜の御盾と出で立つわれは」が有名です。

靖国神社は天皇のために盾になって、天皇陛下万歳と言って死んでいったと勝手に決め付けて顕彰するところですから、この世に思いを残して死んだ「怨霊」ではないというのが神社の見解です。

ところが、「花嫁人形」を寄贈した遺族の感情には、未婚のままで可哀想だったという思いが滲んでいます。「千人針」と同様に、生きて帰ってきてほしかったという、無念の思いが表れています。「花嫁人形」の寄贈は、多くの遺族感情を刺激し、母、兄弟などから次々と花嫁人形が寄贈されています。

しかし考えてください。花嫁人形が寄贈されていない祭神はどうなるのでしょうか。なぜ、花婿人形が寄贈されないのであろうか。遺族感情と、国家による祭神の統制矛盾がここにも現れています。

数千枚と言われる遺影の中には、「陸軍大将東条英機命」の遺影も掲示されています【図展示室18・四八番三列七】。

一九四一（昭和一六）年、東条英機が陸軍大臣として発令した「戦陣訓」には、「生きて虜囚の辱を受けず、死して罪禍の汚名を残すこと勿れ」との言葉があり、この「戦陣訓」が民間人の精神をも圧迫して、沖縄・サイパンなどで集団強制自殺の悲劇が起こります。

東条英機は生きて虜囚の辱を受け、A級戦犯として死刑となりましたが、靖国神社では「昭和殉難者」という修飾語を使って顕彰しています。

▲…市販されている花嫁人形です。

(25) 平成18年1月1日　やすくに　第三種郵便物認可

あさなぎ

靖國神社崇敬奉賛会青年部
会報「あさなぎ」設立準備号

何かを決意し覚悟したとき

お前のようなきれいな嫁を貰えて
独り身で靖國にきてよかったと
照れながら

笑

ってらっしゃるんぢゃないかしら

顔でいることの強さと優しさを
教えてくれた

える男でありたい

▲…靖国神社崇敬奉賛会青年部の会報にも「花嫁人形」が……（左下）。

❖ロケット特攻機・沖縄への特攻【大展示室】❖

兄は叛軍、弟は英霊。

一九四五（昭和二〇）年三月二一日、神雷部隊が出撃することに決まりました。神雷部隊司令岡村大佐らは、陸攻一八機に対して掩護戦闘機五五機では成功の望みなしとして、宇垣中将に計画延期を進言しましたが、宇垣中将は「今の状況で桜花を使えないなら、使う時がない」として計画を強行しました。

神雷部隊は鹿屋基地を発進しましたが、途中二二機もの掩護戦闘機が故障で引き返し、敵機の迎撃を受け甚大な被害が発生することは間違いなかったが、宇垣中将は「必死必殺を誓っている若い連中を呼び戻すに忍びない」と攻撃続行を厳命しました。

その結果、迎撃のため空中待機していた米機によって一式陸攻と桜花は、全機撃墜され作戦は完全に失敗しました。特攻隊長として「野中五郎少佐」という人の名前が刻まれています。

ジオラマは嘘ではありませんが、撃墜される場面が描かれていないところが遊就館展示の凄いところです。

ぶら下げられている模型の特攻編隊は飛び立ちました。沖縄には左隅に点々と描かれている米艦隊が停泊していました。しかし、撃墜された場面は描かれていません。

「桜花」の実態は、「ロケット推進器付き有人グライダー特攻機」です。尾部のロケット推進器三本は、各々一〇秒しか機能せず、延伸あるいは増速にしか役立たない代物です。

母機である陸攻は、二トンもの「桜花」を吊るすことによって、離陸可能重量の限界ギリギリで、米軍は遠距離からレーダーで陸攻を探知し、余裕を持って母機ごと迎撃できたのです。米軍からはBAKA BOMBと呼ばれました。

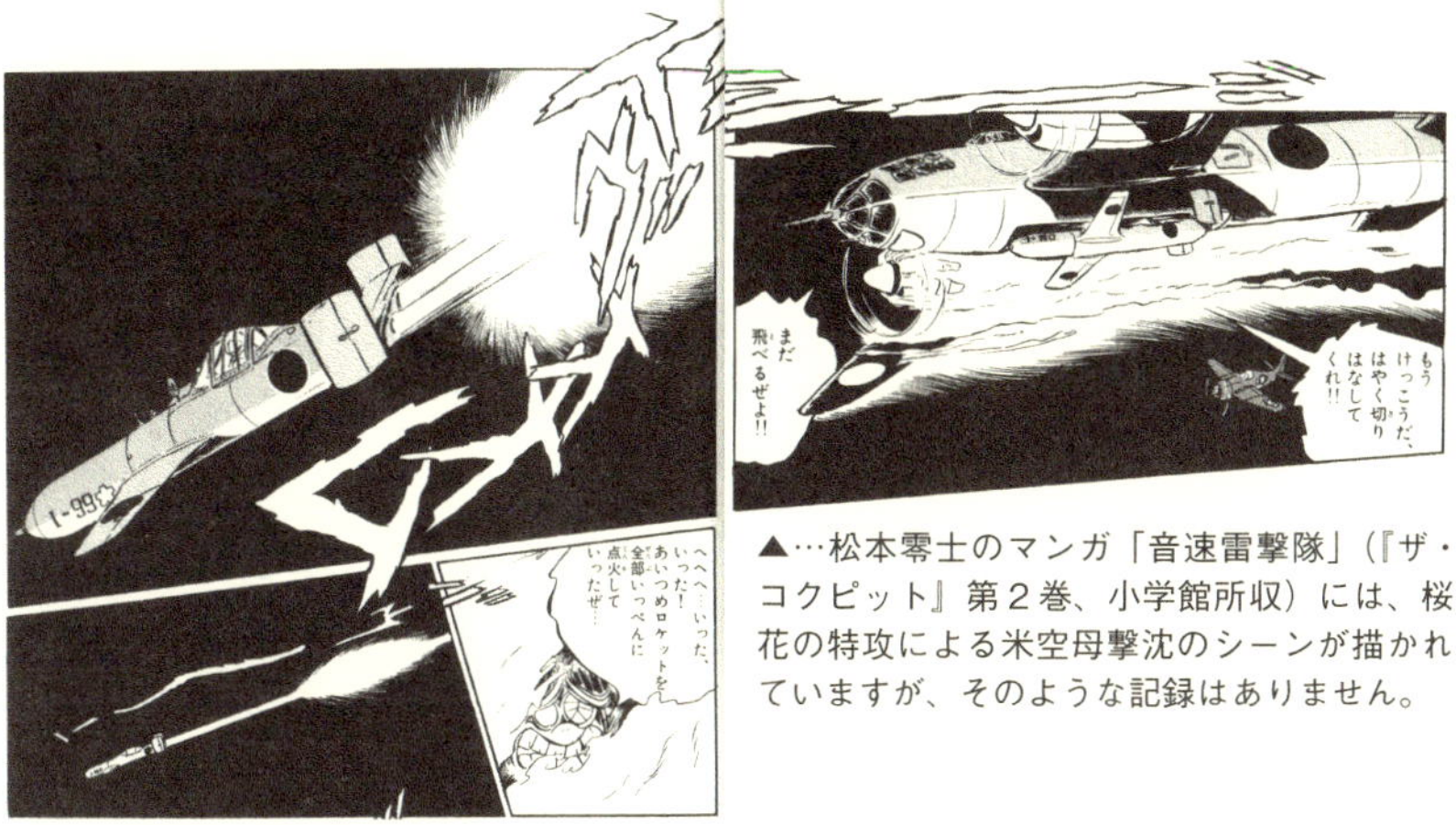

▲…松本零士のマンガ「音速雷撃隊」(『ザ・コクピット』第2巻、小学館所収)には、桜花の特攻による米空母撃沈のシーンが描かれていますが、そのような記録はありません。

【二・二六事件に際しての戒厳司令部布告】

野中五郎少佐の兄は野中四郎といい、一九三六(昭和一一)年に起こった「二・二六事件」の首謀者の一人です。このため、野中四郎と野中五郎は、兄弟にも関わらず靖国神社が続く限り、天皇の敵と味方という悲劇が続きます。

下士官兵ニ告グ

一、今カラデモ遅クナイカラ原隊へ帰レ

二、抵抗スル者ハ全部逆賊デアルカラ射殺スル

三、オ前達ノ父母兄弟ハ國賊トナルノデ皆泣イテオルゾ

二月二十九日　戒厳司令部

❖南海神社社号碑【展示室20】❖

南海神社は香港に造られました。海外で創建された「侵略神社」は一五〇〇社を超えますが、その実態は解明されていません。

首相や都知事らが靖国神社参拝を行うたびごとに、アジアの人々から参拝に反対する声が挙がります。

東条英機らA級戦犯を顕彰する施設に、首相らが敬意を表すという問題もあります。

しかし一九四五（昭和二〇）年に日本が敗戦するまで、日本軍が占領したアジア各地で神社が創られ、人びとに神社参拝が強制され大東亜共栄圏宣伝の舞台になった歴史も忘れてはならない事です。

朝鮮半島のクリスチャンの中には、天皇が現人神であることを認めず神社に参拝しなかったため、投獄され拷問を受けて殺された人たちもいました。

この歴史を反省して敗戦後、国と宗教は日本国憲法二〇条で「国はいかなる宗教活動もしてはならない」と定められ、靖国神社も、国の特別な施設ではなく、ほかの宗教と同じひとつの宗教組織となりました。

▲…ヤップ（弥津府）神社。2007年に公開された映画「パッチギ Love&Peace」では、米軍の爆撃により爆破されてしまいました。

▲…ラサ（島）神社。

▲…シンガポールの昭南神社を参拝する寺内南方方面軍最高指揮官。

▲…チチハル神社。

▲…樺太神社。

▲…上海神社。

▲…朝鮮鎮南浦大神宮。

▲…間島延吉神社。

❖企画展示室❖

こんな企画展が行われてきました。

❖肆❖

靖國周邊篇

▲…2006 年 8 月 15 日、千鳥ヶ淵側から靖国に向かって、小泉の靖国参拝に抗議する台湾原住民の人たち。

❖旧近衛師団司令部庁舎❖

旧近衛師団司令部庁舎、重要文化財（建造物）。日露戦争が終結し、軍部は陸軍海軍とも増強を計画し、陸軍は一九〇七（明治四〇）年に一二師団から一九師団へ増強しましたが、近衛師団の増強も計画されるとともに司令部庁舎の建設が計画されました。

一九一〇（明治四三）年三月、陸軍技師田村鎮の設計により、赤煉瓦造簡易ゴシック様式建築が造られました。建物の各所に陸軍の星マークなどが散見されます。

▲…建物に残る陸軍（星）のマーク

現在は、東京国立近代美術館・工芸館として近代工芸の多様な作品の収集、展示が行われています。

一九七二（昭和四七）年一〇月に外壁、玄関および階段ホールが重要文化財に指定されました。

一九四五（昭和二〇）年八月一五日未明に、宮城事件の発端である森近衛師団長殺害事件がこの建物で起こっています。

❖北白川宮能久親王銅像❖

北白川能久は上野戦争で敗れ、賊軍艦長鯨丸に乗って脱出し、賊軍・陸奥会津城に入城。一八七〇（明治三）年、官軍に転向。いわゆる、ほとぼりを冷ますために、同年プロシアに遊学します。

一八七七（明治一〇）年に帰国し、近衛砲兵連隊に配属。陸軍少将、歩兵第一旅団長。陸軍中将、第六・第四師団長を歴任。

日清戦争では開戦後の一八九五（明治二八）年に近衛師団長として、台湾侵略の先頭に立ち、戦後も台湾守備を命じられますが、同年、台南で病没。ただし、台湾においては、抗日ゲリラによって殺されたという説も伝えられています。死後に陸軍大将を追贈。

一八九八（明治三一）年八月一日発行の、日清戦争戦勝記念切手に肖像が描かれています【☞140ページ】。

旧近衛師団司令部庁舎／北白川宮能久親王銅像

❖千鳥ヶ淵戦没者墓苑❖

敗戦と共に海外から返還された遺骨は、厚生本省、市谷庁舎等に仮安置されていました。一九五二（昭和二七）年に至り、厚生省による遺骨収集も始まりました。

増加する遺骨の収納施設の建設は急務となり、一九五三（昭和二八）年、「戦没者遺骨の内、氏名判明せざるもの並びに遺族不明のためお渡しできぬものを、国が建設する『無名戦没者の墓』（仮称）に収納し、国の責任において維持管理する」との方針が決定されます。

一九五六（昭和三一年）、現在地に建設が決定されますが、「無名戦没者の墓」が建設されると靖国神社の位置が低下すると懸念する神社護持派が、「無名戦没者の墓」の名称に猛烈に反対し、曖昧な性格の名称になりました。天皇の歌碑が建てられ、天皇の兵士たちの墓苑という性格が色濃く打ち出されている施設です。

▲…千鳥ヶ淵戦没者墓苑のリーフレット

「千鳥ヶ淵戦没者墓苑」を拡充して、「国立追悼施設」としようとする考え方があります。

新たなる「国立追悼施設」建設は、自衛隊の海外派兵の問題と相まって、新たなる戦没者顕彰施設として、第二の靖国神社となる可能性が高い施設です。

この拡充計画の中で、墓苑に隣接する宮内庁長官公邸などを取り壊して敷地を拡大することが検討されています。

日本には「官邸」は首相官邸のみですが、「公邸」は、何ヵ所かあります。公邸は、国家公務員宿舎法により、「無料で貸与」され、「必要とする備品も無料で貸与」されます。

宮内庁長官及び侍従長にも公邸が貸与されています。長官公邸の内装は、わざわざ設計から製造まで京都で行われた超豪邸です。

❖宮内庁長官公邸❖

❖高射砲台座跡❖

東京は明治以来、陸海軍の軍事施設・軍需工場などがあり、大本営も置かれた軍都でした。そのため各所に戦跡が残っていますが、ここもその一つです。

遊歩道のような公園の中にコンクリート製高射砲台座が七基残っています。それぞれ石板が張られてベンチのような形態になっていて、説明板もありませんので一見、高射砲台座跡とは思えません。

米軍の渡洋爆撃は、当初軍需工場等の爆撃をしていましたが、その後、無差別焼夷弾攻撃に戦術転換し、一九四五（昭和二〇）年三月一〇日には、「東京大空襲」が行われました。

高射砲は、高射第一師団に属していましたが、射程距離が短く、高々度爆撃をするB29には全く役に立ちませんでした。師団司令部は、上野公園内の現科学博物館にあり、外観はほとんど当時のままです。

❖近衛歩兵連隊記念碑❖

近衛第一連隊跡と近衛第二連隊跡に、各々記念碑が建てられています。

近衛連隊は、後の賊軍西郷隆盛が率いる天皇の「御親兵」が一八七二（明治五）年に近衛兵と改称され、一八七四（明治七）年、日本陸軍最初の歩兵連隊として創設されています。

大正・昭和天皇は皇太子時代に、それぞれ近衛第一連隊付きとして在籍しました。

一八七八（明治一一）年八月二三日に起きた「竹橋事件」は、近衛砲兵大隊竹橋部隊の兵士ら約二六〇名が西南戦争の論功賞に不平を懐き内乱を起こした事件で、近衛歩兵隊、鎮台兵によって鎮圧された事件です。この近衛連隊の不祥事が知られるようになったのは、当然、敗戦後のことです。

高射砲台座跡／近衛歩兵連隊記念碑

❖弥生慰霊堂❖

　西南戦争で戦没した警察職員は東京招魂社（現靖国神社）に祀られました【☞青銅大燈籠。70ページ】。

【☞青銅大燈籠。70ページ】

　一八七一（明治四）年以降、警察消防活動（戦前、消防も警察管轄）などで公務死した職員と功労者のために、一八八五（明治一八）年に招魂社を本郷区（現文京区）向ヶ丘弥生町に創建した「弥生神社」が弥生慰霊堂の始まりです。

　戦前は警視庁が管理していましたが、「神道指令」により、神道施設である弥生神社を警視庁が管理し続けることができなくなってしまったために、一九四六（昭和二一）年に元警視総監などで、奉賛会が結成され一九四七（昭和二二）年、近衛歩兵第一連隊駐屯地跡の現在地に移されました。

　移転とともに名称を「弥生廟」と改めましたが、一九八三（昭和五八）年には、「弥生慰霊堂」と改称すると共に、慰霊祭形式を従来の神式から無宗教形式に変更し、現在にいたっています。

　弥生慰霊堂と靖国神社の決定的相違点は、公務死のみではなく特別功労者として、日本近代警察制度の基礎を築いたといわれる川路利良と、お雇い外国人として警察顧問だったフランス人ガンベッタ・グロースを銘記している点です。

二〇〇四（平成一六）年一〇月一九日現在の銘記数は、特別功労者二名、公務死二五一〇名。

慰霊祭は毎年、川路利良の命日である一〇月一三日前後に行われています。

関連行事として当日は、日本武道館で柔道や剣道（弥生廟大会）の試合・演奏会などが行われています。

▲…弥生慰霊堂入り口。

▲▶…関東大震災の時、昭和天皇（当時摂政）はここから被災地を眺めました。それを記念して、慰霊堂のそばに「昭和天皇御野立所」の碑が建っています。

❖品川弥二郎像・大山巌像❖

【品川弥二郎】

一八四三（天保一四）年～一九〇〇（明治三三）年。長州藩士。禁門の変、第一次長州征討では賊軍に属し、官軍薩摩藩と会津藩を恨み、会奸薩賊（会津藩は奸物で薩摩藩は賊）と書いた下駄を履いて、踏みつけて歩いたことでも有名です。

一八六八（明治元）年には、靖国神社第九代南部宮司の先祖である賊軍会津藩などの弾圧のため、奥羽に出陣しています。

【大山巌】

一八四二（天保一三）年～一九一六（大正五）年。薩摩出身、賊軍西郷隆盛の従兄弟。徳冨蘆花作「不如帰」のヒロインの父のモデルとも言われています。日露戦争時、満州総司令官で、靖国神社大燈籠レリーフ【☞58ページ】には、奉天入場式の場面が描かれています。

▲…品川弥二郎像（右）と大山巌像。

九段会館

帝国軍人会が、軍人会館として建設したものです。一九三四（昭和九）年に、三〇年代独特の帝冠建築様式で建てられました。

帝冠建築様式とは、西洋の上に日本の帝の冠が載るという、実に子どもじみたイデオロギー建築様式です。

建設当時は、公共の建物の設計競技では、帝冠様式にしないと入選しないと言われていました。

その時代に前川国男という設計者は、提出作品にアンチ帝冠様式のデザインで競技に参加し、落選。「負ければ賊軍」という有名な文章を書きました。

二・二六事件の際には、ここに戒厳司令部が置かれました。

伊東忠太ばりのレリーフは、北面にあるホールに対する魔除けです。屋根の上には鯱《しゃち》をデフォルメしたものも付けられています。

▲…敷地内には忠魂碑もあります。

❖しょうけい館❖

戦傷病者史料館。戦傷病者等の援護施策の一環として、戦傷病者等が体験した戦中・戦後の労苦を後世に語り継ぐ施設として二〇〇六（平成一八）年三月に開館しました。

しょうけい館は貸ビルの中の施設で、昭和館と比較するとその規模は桁違いに小さいですが、内容的には、しょうけい館のほうがまだましです。

水木しげるのインタビューが流れていますが、遊就館で流されているビデオとは、当然、違った視点で戦争が語られています。

従来、知られていなかった戦傷病者の実態が、それなりに展示説明されています。ただ、厚生労働省所管のため、在日韓国・朝鮮人の傷痍軍人・軍属が切り捨てられた歴史には一切触れられていません【☞遊就館二階ロビー彫刻　負傷兵の敬礼、128ページ】。

▲…しょうけい館のリーフレット。

❖さらにヤスクニを知りたい人のためのブックガイド❖

『国家神道』（村上重良・岩波新書・70）、『慰霊と招魂』（村上重良・岩波新書・74）、『靖国神社』（大江志乃夫・岩波新書・84）、『遺族と戦後』（田中伸尚・岩波新書・95）、『靖国の戦後史』（田中伸尚ほか・岩波新書・02）の岩波新書五部作と『靖国問題』（高橋哲哉・ちくま新書・05）を読めば、「ヤスクニ」の歴史・思想を概観できると思います。

他に手ごろな本としては、『決定版・靖国問題入門――首相の公式参拝を批判する入門書』（KAWADE道の手帳・河出書房新社・06）も、「アンソロジー：靖国」として福沢諭吉・折口信夫などの諸論を集めていて、お薦めだと思います。ほかにも『すっきりわかる「靖国神社」問題』（山中恒・小学館・03）などがあります。

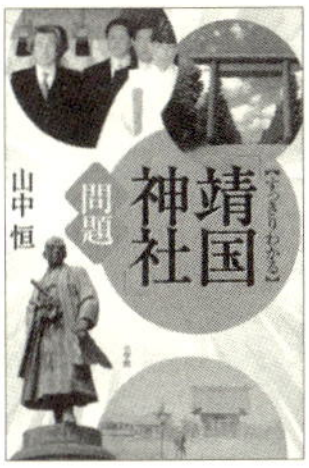

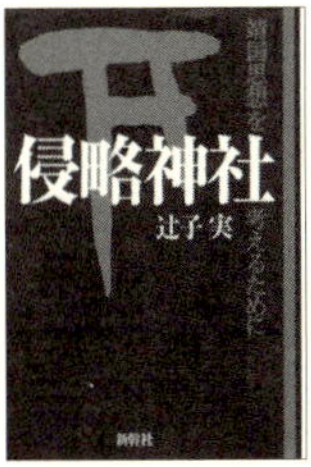

『還我祖霊――台湾原住民族と靖国神社』（中島光孝・白澤社発行・現代書館発売・06）は、台湾原住民と靖国問題を考える好書です。二〇〇三（平成一五）年、靖国神社・首相・国を被告とする訴訟を大阪地裁に起こした原告のなかに台湾原住民族三四人の方々がいました。本書でも述べましたが靖国神社には、台湾原住民族戦没者も合祀されています。

『侵略神社――靖国思想を考えるために』（辻子実・新幹社・03）は、第一部・侵略神社アルバムと、第二部・侵略神社ノートの二部構成。第一部では、二〇〇以上の侵略神社の写真を掲載。第二部「ノート」の「関東神社に関する内務省との折衝概要」は、侵略神社に限らず、明治以降に創建された神社に関して、このような内部資料が公にされたことは過去にないはずです。（もちろん、今後とも神社側出版物では決して明らかにされない内容と思います。）

　靖国神社に関する第一級資料は、当然、靖国神社にあるわけですが、刊行された本の筆頭は『**靖国神社百年史**』（靖国神社・83〜87）でしょう。「非売品」ですが、各地の図書館には寄贈されているようなので、閲覧は可能です。

　『百年史』は、資料編（上・中・下）と事歴年表の四冊、各冊五〇〇ページに上る大冊であることはもちろんですが、事歴年表の凡例に記されているように、「往時、靖国神社は陸軍・海軍両省の管轄に属し、常務は陸軍省の担当するところであったから、終戦の際、軍関係機密書類とともに焼棄されたと見え、当時の文書・記録の存するもの、極めて稀である」中で、社務日誌からの引用も含め「靖国神社に関する重要事項を年月順に記述したが、関連のある皇室関係の事項、神祇の問題、招魂社ならびに護国神社に関する事項および政治、外交、軍事などの重要事項も叙した」ものであり、図録・表なども掲載され基本的資料として、今後もこれ以上のものは望めないでしょう。

　『**新編靖国神社問題資料集**』（国会図書館・07）は、目次だけで一八ページ。文書数八〇八、本文一一九三ページ。活字も小さく！　見るのもいやになるくらい膨大な資料集であることは確かです。これも「非売品」ですが、国会図書館のホームページで公開され、ダウンロードが可能です。

　本書では、煩雑さを避けるため引用文献を掲げていません。よりヤスクニを知りたいと思われる方は、『季刊運動〈経験〉』一八号【特集】「靖国神社の戦争・戦後責任」に、筆者が「**ヤスクニ嫌いだ・ブックレビュー**」を寄稿しているので参考にしていただければ幸いです（反天皇制運動連絡会編・軌跡社発行・社会評論社発売）。

❖あとがき❖

アジアとの平和共生を願う時、なによりも歴史の共有が不可欠ではないかと思います。南京大虐殺を「大虐殺」と記すか「事件」と記すかでは、決定的な溝があります。

遊就館の解説は今後も、変更される可能性があります。本書で取り上げた遺品なども、展示替えが行われるかもしれません。しかし、二〇〇七（平成一九）年一月に行われた展示解説の変更の姿勢は「論旨は変えず」ですから、本書で示した靖国神社の基本的な性格が、変わることはないと思います。

『戦争を知らない人のための靖国問題』（上坂冬子・文春新書）は、常陸丸で沈没死したイギリス人も祭神になっているとの誤記をしながら靖国問題の「決定版」と謳っています。本書は、その性格から靖国神社の協力を得ていませんので、靖国神社ガイド本としては「未決定版」です。

私自身ある所で、靖国神社の最初の女性祭神の一人である川内美岐に関して話をさせて頂いたことがあります。

話は賊軍・土方歳三軍が、箱館戦争で松前城に突入した時、雑用係として城内に残っていた美岐は「悲憤して、はさみをのどに突き刺して三七歳で自害した」と伝えられていますが、おかしなことに彼女は、足軽北島幸次郎の妻なのに、彼女についての記録はすべて、実家の「川内」姓になっています。その理由としては、夫が「敵軍の侵入に恐れをなして、いずこかへ遁走してしまった」からだという説が有力です、ということでした。

ところがこの話に対して夫婦同氏制が義務化されたのは、一八九八（明治三一）年の旧民法の「夫婦は家を同じくすることにより、同じ氏を称すること」によってであって、美岐に対して実家の苗字を充てることは、ありえる話とのご指摘を受けました。ご指摘の通りです。

靖国神社や遊就館を訪ね歴史の事実を探求する中で、読者の方々と一緒に本書を「決定版」といえる内容に、近づけることが出来れば幸いと思います。

過分な推薦文を寄せて頂いた『靖国問題』（ちくま新書）の著者である高橋哲哉さん、ありがとうございました。

また、本書の発行に際して、お名前を記しませんが、校正やイラストを描いて頂くなど、多くの方々の協力を頂きました。ここに感謝の意を表わしたいと思います。

本書では、ビジュアルに靖国神社・遊就館を案内するために、図版やイラストなどを多用しました。そのため編集に際して多大な労力を押し付けることになりましたが、すばらしい編集効果を編み出してくださった新孝一さんに記して感謝したいと思います。

［人名・事項索引］

[著者紹介]

辻子実（ずし・みのる）
1950年、東京生まれ。
「靖国参拝違憲訴訟の会・東京」事務局長。日本キリスト教協議会靖国神社問題委員会委員。
著書に『侵略神社』（新幹社、2003年）、共著として『決定版・靖国問題入門——首相の公式参拝を批判する入門書』（KAWADE道の手帳・河出書房新社、2006年）、『この国に思想・良心・信教の自由はあるのですか』（いのちのことば社、2006年）、『憲法が変わっても戦争にならないと思っている人のための本』（日本評論社、2006年）、『この国のゆくえ』（金曜日、2006年）、『武力で平和はつくれない』（合同出版、2007年）など。

靖国の闇にようこそ——靖国神社・遊就館　非公式ガイドブック

2007年6月30日　初版第1刷発行

著　者＊辻子実
発行人＊松田健二
発行所＊株式会社社会評論社
東京都文京区本郷2-3-10　tel.03-3814-3861/fax.03-3818-2808
http://www.shahyo.com/
印刷・製本＊株式会社技秀堂

Printed in Japan

あの日、火の雨の下にいた
私の横浜空襲
●加藤修弘
四六判★2300円

1945年5月29日、私は1歳8カ月だった。空襲で私の母も焼き殺された。日本の中国侵略にはじまる無差別殺戮としての空襲、逃げることを許さなかった政府。庶民の被害と加害を描く。

批判 植民地教育史認識
●王智新・君塚仁彦・大森直樹・藤澤健一編
A5判★3800円

着実に蓄積が積み重ねられてきた植民地研究。だが、少なからぬ研究が歴史認識を曖昧にさせている。植民地教育史の問題構制、文化支配と反植民地ナショナリズムなどをめぐる、批判的論集。

日本の植民地教育
中国からの視点
●王智新編著
A5判★3800円

「満州国」「関東州」など中国各地域で行われた、教育を通じた日本の植民地支配。「満州事変」前後の教育の変化、初等・中等教育、建国大学、儒教との関係など、その諸相を中国の研究者が論じた文集。

朝鮮農村の〈植民地近代〉経験
●松本武祝
A5判★3600円

植民地期と解放後の朝鮮の「近代」としての連続性に着目し、ヘゲモニー、規律権力あるいはジェンダーといった分析概念から、植民地下朝鮮人の日常生活レベルでの権力作用の分析を試みる。

日本植民地教育の展開と朝鮮民衆の対応
●佐野通夫
A5判★7500円

1920年代、日本の植民地支配下の朝鮮では、日本が持ち込んだ教育制度への「忌避」から「受容」に向ったといわれる。だが、その底流には、朝鮮民衆の教育要求である民族教育が脈々と流れていた。

4月29日の尹奉吉
●山口隆
四六判★2500円

上海を舞台にした韓国独立運動家・尹奉吉のレジスタンスと、その後。三〇年代の東アジアにおける日本・朝鮮・中国の姿をいきいきと描き出す。

伊藤博文と朝鮮
●高大勝
四六判★2000円

近代日韓関係の始点に位置する日本の代表的政治家・伊藤博文。幕末の志士・有能な官僚・初代総理大臣・韓国統監・安重根による暗殺に至る生涯を活写し、一コリアンの目からその功罪を問う。

〈くに〉を超えた人びと
「記憶」のなかの伊藤ルイ・崔昌華・金鐘甲
●佐藤文明
四六判★2400円

大杉栄と伊藤野枝の「私生子」として生まれた伊藤ルイ、指紋押捺を拒否した崔昌華牧師、強制連行され、一方的に剥奪された日本国籍の確認訴訟を闘った金鐘甲。戸籍・国籍を超えた群像。

表示価格は税抜きです。